並木良和

サンマーク出版

冒頭から、ごめんなさい。

僕たちは一度も、生まれたことも、死んだこともない存在である。

なんて言ったら、びっくりしますか？

でも、これは宇宙の事実。

僕たちは、もともと、地球に限らずさまざまな惑星に住んでいた「意識」です。地球という3次元の惑星に、行動や感情をリアルに体験するために「体」を持って降り立った——僕もあなたもそのひとりです。

僕たちがこの地球に来た理由は、皆それぞれが魂レベルでわかっています。

体験したいこと、味わってみたい感情。それらを山ほど抱えて降り立つ魂もいれば、片手にたったひとつ握りしめてやってくる魂もいる。そして、その体験を終えると、魂は満足げに、肉体を脱いで宇宙に還(かえ)っていく。

そして「あ、あの体験をし忘れた」とか、「追加でこれもやってみたい」と、新たな目的を持って別の姿形で地球に生まれる「輪廻(りんね)転生」を、地球に誕生して以来、ずっと繰り返してきました。

地球という「この世」で肉体を与えられるのが「生」、そして肉体を離れ「あの世」という宇宙に還ることを「死」と言っているわけだけど、これは、あくまでも、生と死がある地球での話。そう、本当はといえば、魂はずーっと、生まれたこともなく、死んだこともありません。

肉体を得たり失ったり、まるで衣替えのように、魂という存在は、この世とあの世とを行ったり来たりしているんです。

「宇宙では考えられない面白い経験ができる『地球』って星があるらしいよ、体験してみたいよね！」と、列をなして順番を待ち、めでたく地球に生まれてきた魂たちは、ワーワーキャーキャーと、まるで女子高生のように好奇心旺盛。

魂の存在のままでは、なんでも思い描いた瞬間に創造できてしまう魂たちにとって、地球は、それはそれはもう、極上のテーマパークなんです。「わざわざつくり出すという工程」とか「思い描いてもかなわないこと」とか「絶望して苦悩する」みたいなネガティブな感情を、味わってみたいし、経験したい！

地球に来る魂は、時代や、容姿や境遇、家庭環境など、自分に備わるスペックを自分で選んで生まれてきます。「経験したいこと」「味わいたい感情」の一切合切を、風呂敷包みに詰め込んで。

さぁいよいよ、ワクワクドキドキの地球への旅路へ！

と、魂たちが大興奮の第一歩を踏み出そうとするそのとき。

そこには、ひとつのルールがありました。

それは、僕たちが、なんでも思うままに
生み出せる〝創造主〟だということを
「忘れる」こと。

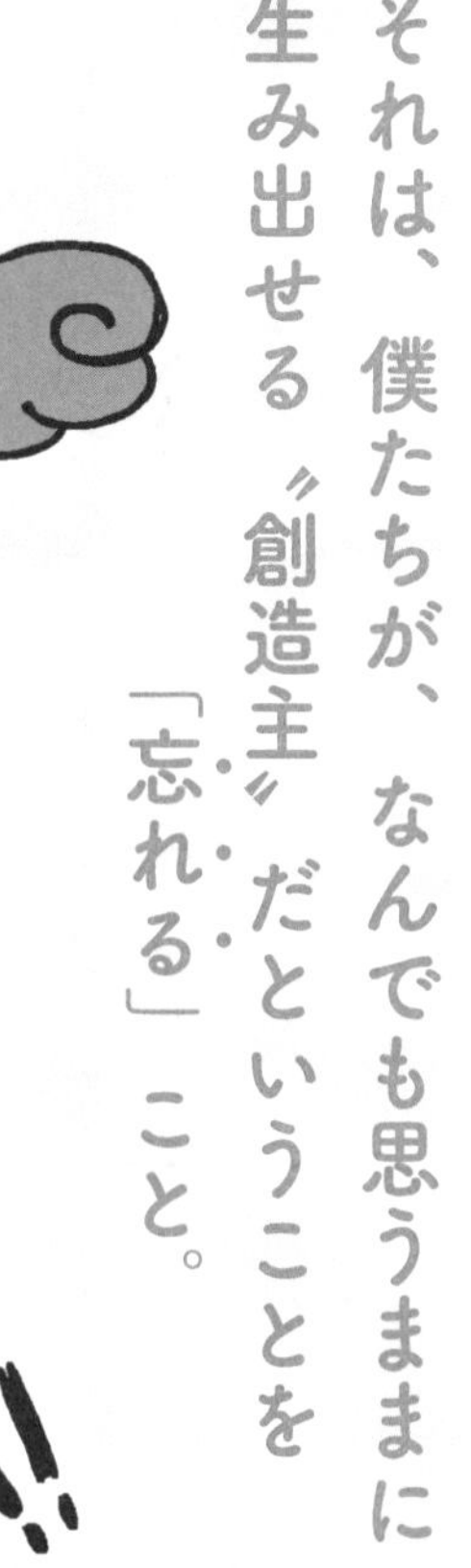

なぜなら、地球に降り立つ理由は「なかなかかなわない」とか「うまくいかない」「苦悩する」を体験するためだから。

本来なんでもかなえられる「神」であることを、きれいさっぱり「忘れる」必要があったんです。

「えええええ！　めんどくさ！！！！」

そんな声が聞こえてきそうですが、そのとおり。

僕たちは、そんな「めんどくさいこと」をしに、わざわざ地球にやってきたんです。

まあ、この変なゲームに名前をつけるとしたら、

「神であることを完全に忘れて、
もう一回、神であることを思い出そうゲーム」

……とでも言ったらいいでしょうか？

ひとりひとりそれぞれ、ストーリーやディテールまで、すべてが違う自分仕様だけど、やっていることは同じ。

僕たちは今、あの世（宇宙）が、地球人になった僕たちにしかける「この世（地球）ゲーム」を、存分に楽しんでいる真っ最中というわけです。

「この世ゲーム」の条件「本当は自分自身が神であり創造主であることを完全に忘れてしまっていること」こそ、僕が日頃お話ししている「眠り」の状態です。

言い方を換えると、あなたは深い眠りの中にあり、「けっして起きてはならない」という暗示をかけられているのです。なぜなら、目醒めて真実を知ってしまえば、それは魂にとって、もっともつまらない種明かしとなってしまうから。

じつはこの世には、あなたがぐっすりと眠り続けるための「ワナ」が、そこかしこにしかけられています。

そのワナをすり抜け、目醒めというゲームのエンディングを無事迎え、思いのままに人生をつくりあげて、この世を天国のように謳歌するには……

——ご心配なく。

本当は、このゲームにはちゃんと、
攻略法があるんです。

だって、ゲームですから。

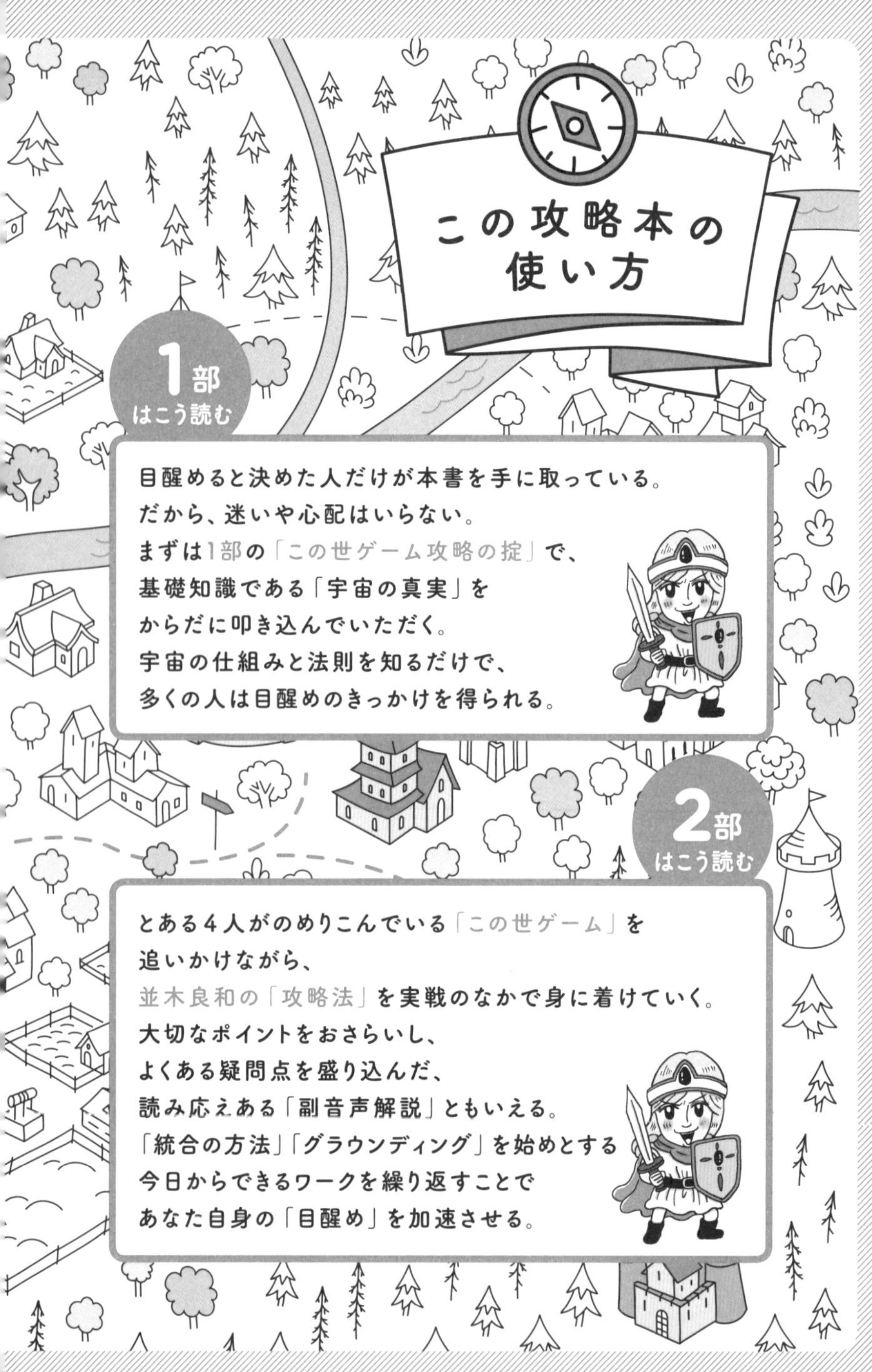
この攻略本の使い方
1部はこう読む
目醒めると決めた人だけが本書を手に取っている。
だから、迷いや心配はいらない。
まずは1部の「この世ゲーム攻略の掟」で、
基礎知識である「宇宙の真実」を
からだに叩き込んでいただく。
宇宙の仕組みと法則を知るだけで、
多くの人は目醒めのきっかけを得られる。
2部はこう読む
とある4人がのめりこんでいる「この世ゲーム」を
追いかけながら、
並木良和の「攻略法」を実戦のなかで身に着けていく。
大切なポイントをおさらいし、
よくある疑問点を盛り込んだ、
読み応えある「副音声解説」ともいえる。
「統合の方法」「グラウンディング」を始めとする
今日からできるワークを繰り返すことで
あなた自身の「目醒め」を加速させる。

登場人物紹介

2部で登場する4人の「ゲーム主人公」に、
並木と共にアドバイスを授けるのが、4大天使たちだ。

並木くん

スピリチュアルカウンセラー

高次と地球を行ったり来たりできる地球界のスピリチュアルリーダー。大天使たちと連携をとりながら、地球の魂を目醒めさせるために奮闘中。得意は七変化。掃除のおばちゃんから、屋台の親父まで、目醒めのためなら何にでも変身。

ガブリエルくん

大天使・作曲家

クリエイティブやアートを司る大天使で、人間の才能を引き出すのが得意。作家やアーティストが表現したいものを現実化させるのを手伝う。天界ではバッハにインスピレーションを授けたという噂がある。自身も、昔のヨーロッパ紳士のようにかつらを正装としている。

ウリエルくん

大天使・学者

知性や知恵を司る大天使で、人間に必要な知恵を授けてくれる。複雑で一見解決不可能な問題に解決のヒントをくれる。知的でスマートだが、ノリは悪くない。シカであることに誇りを持っていて、トナカイと言われると傷つく。趣味はシカのキャラ弁づくり。

ラファエルくん

大天使・ヒーラー

癒しや治療を司る大天使で、人間の精神や体のバランスを調整し、正常な状態に戻してくれる。病気の原因となる過去生やトラウマへの働きかけも得意。天界きってのフレンドリーさで、天使の中ではファンクラブがあるほど。地球での好きな食べ物は小魚。

ミカエルくん

大天使・貴公子

使命や生きる意味を司る大天使で、人間の目醒めをサポートし、地球での使命に気づかせてくれる。ワニ顔だが生まれながらの貴公子で金髪をなびかせている。地球でロマネコンティを飲むのが何よりの楽しみ。

さぁ、スピリチュアルアドベンチャーの始まりだ！

1部

この世ゲームを攻略せよ！ 10の掟

ゲームを攻略して目醒める人々

第2話　「無価値感の檻」を壊せ――132

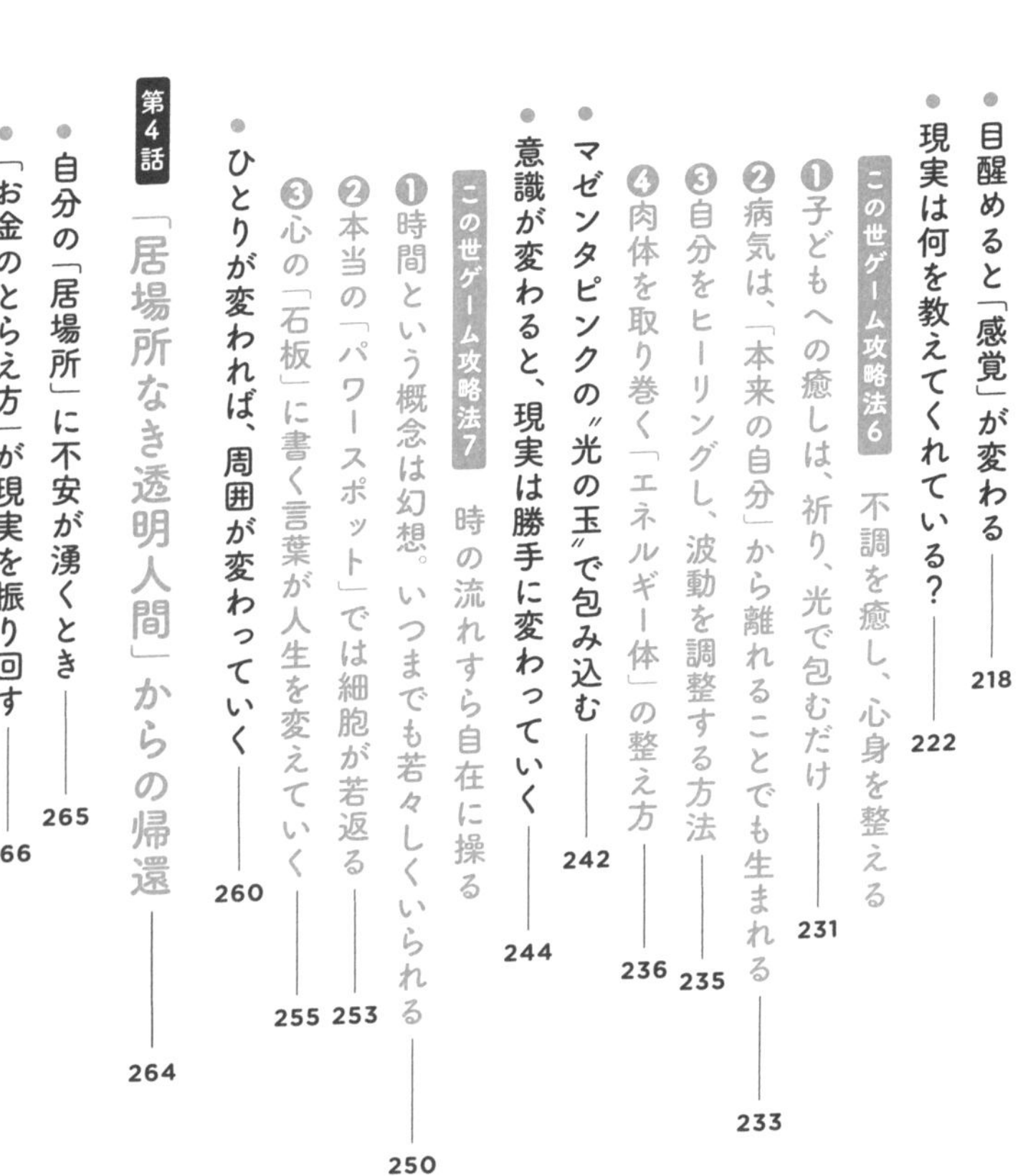

デザイン　萩原弦一郎（256）
イラスト　なとみみわ
構成　MARU
写真　草野裕司
ヘアメイク　三輪昌子
本文DTP　二階堂千秋（くまくま団）
編集協力　乙部美帆
編集　橋口英恵（サンマーク出版）

1部

この世ゲームを攻略せよ!
10の掟

現実はイリュージョンと知る

夢と思えないような、リアルな夢を見たことってありませんか？
じゃあ、現実に起きたことが、とても現実とは思えなかったことは？

なぜこう聞くかというと、僕たちがリアルだと思っているこの世界は、本当はイリュージョンだからです。

ごくごくシンプルに言うならば、

現実は、夢。
そしてその反対に、夢の中こそ、現実。

じつは、目の前で展開される「現実」は、この世ゲームの「眠り」の中で繰り広げられる夢の中での出来事。ファンタジー映画の世界そのものです。

これまでの人生の中で、「これは絶対にできる」とリアルに確信できたことがそのとおりにできた、とか、「あの人に会いたいな」と思っていたらその人が目の前から歩いてきた、なんていう経験は、誰にでもひとつはあるのではないでしょうか？

これは、僕たちがもともと創造主であったことの、ちっちゃいけれど確かな証拠。

あなたも僕も皆、現実のすべては、ほかでもない自分がつくっています。あなたの目の前の現実は、すべて、あなた自身がつくり出したもの。

僕たちは、映画館の映写室にいて、地球に降り立つときに抱えてきた風呂敷包みの中の、〝経験してみたいことフィルム〟を、1本1本、自分の現実というスクリーンに映し出しているんです。

映画のフィルムは「なにをやってもうまくいかない物語」だったり、「恋愛して傷つく物語」だったり、「借金を抱えて絶望する物語」だったり。それぞれが経験したくて持参したフィルムを映写機に入れて、映画を楽しんでいます。

それなのに、ある人は席を立ってスクリーンに走り込み、泣いてわめいて、しまい

にはスクリーンを叩(たた)いたり頭を突っ込んだりしている。

これが、現実を嘆いている人の状態。深い眠りの中にいる人の特徴です。


現実というのは、自分という映写機に選んだフィルムをカシャッとセットして、映し出した映像のこと。

あなた自身が、経験したくて持ってきたものなんです。


もちろん、僕たちはそのことをすっかり忘れてしまっています。

それが、「この世ゲーム」だから。

でも、そろそろ「あ、そっか。これ、私が見たかった映画だった！」と気づくときを迎えています。映画なのだから、ゆったりしたデラックスシートで、ポップコーンでも食べながら、のんびり楽しみませんか？

僕が常々、悩みや問題といった「現実」を変えることにフォーカスするよりも、「目を醒(さ)ます」ことそのものにフォーカスしてください、とお伝えするのは、**現実はあくまでも「スクリーン」に映し出された映像だから。**

スクリーンをどうこうしようとしても意味がないですよね？

現実というスクリーンに映し出された映像を変えたければ、映写機の「フィルム」を替えないと。

すべては生み出せると知る

なぁんだ、自分が映写室で、「自分の見たかったフィルム」を選んで「現実というスクリーン」に映していただけかぁ！

そうわかると人は、目の前の現実に振り回されなくなります。

どんなことが起きようと、「そっか、これを経験したかったんだね、私」と俯瞰した視点で現実を受け止めるようになります。ハッピーエンドも、アドベンチャーも、アクションも、サスペンス、ホラー、悲劇ですら、一歩引いた状態で、どこか楽しむ自分がいる。

これが、目醒めている状態です。

さらに、目醒めている人は、自分がそのフィルムを選んだこと、つまり自分の選択であることを知っています。自分が選択し直せる、自分がすべてをつくり出せると

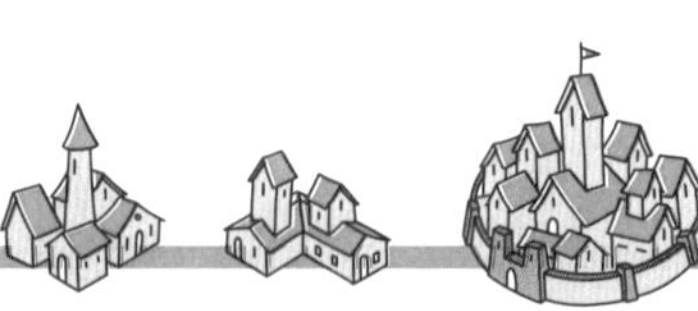

知っているから、願うことを次々と現実に起こすことができます。
これには段階があって、目を醒ましていけばいくほどに、人生が軽やかで、簡単で、スムーズになります。

本来の自分は神であり宇宙そのものだと気づいている人は、この宇宙には限界なんてなく、すべての物事は自分でつくり出すことができること、それはまるで夢の中のように制限がないことを、知っているのです。

この地球の歴史の中で、自分自身が創造主であることを思い出した、誰もが知っている人物といえば、イエス・キリストです。
彼は、水をぶどう酒に変え、湖の上を歩いて見せました。多くの人の病を治し、指導者の娘を生き返らせました。驚くかもしれませんが、これは伝説などではなく本来誰もが起こせるものです。自分が何者なのかを思い出しさえすれば、本来の創造主としての力を取り戻すこともできるのです。

「自分が創造主だなんてありえない」と、自分と創造主を「切り離し」てしまうと、自分の本来の意識から分離した映画の中の自分は、まるで眠って夢を見ているかのようにそこをリアルな世界だと思って生きることになります。

そして、分離することによって、自分にはどうすることもできない、扱えないものとなり、自分本来の力を失ってしまうことになるのです。

すると、本来の自分から離れた映画の中のあなた、つまり地球に存在している意識のほうが力を持ち、どんなに「そこは眠りの世界、映画の世界だから、目を醒ましさえすれば、自分で自由自在に創造できるんだよ」「登場人物すべてがあなたそのものなんだよ」と声をかけても、届かなくなります。

自分ではない。自分にはそんなことはできない、と「分離」してしまうことで、眠りの世界にいる自分がより強くなってしまうのです。

だからこそ、もともと、自分がどんな存在なのかに気づく必要があるわけです。

「分離」を癒し、「統合」する

本来、宇宙には愛しか存在していません。

不安や怒り、悲しみなどの、一般的にネガティブと呼ばれる感情を体験するためには、地球という3次元の物質世界に生まれる必要がありました。

そうして、地球に生まれてきた意識は、「幸せになりたいのになれない」とか、「自分は世界で一番不幸だ」とか、「お金がない」とか、日々、悲劇や困難に浸ることでそのネガティブな感情をリアルに体験しているのです。

物理次元であるこの世は、すべてのものが、自分の内側ではなく外側に存在しているという概念にとらわれています。

お金も健康も人間関係も、その多くが誰かや何かに依存していて、幸不幸も外の条件次第、自分の力ではどうすることもできないと感じてしまいがち。

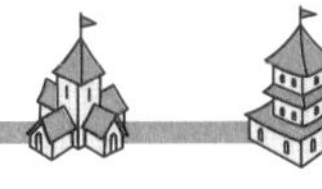

これは、地球特有の「周波数」であり、眠りのゲームの世界です。

だからこの星に生きる人間は、無価値感や欠乏感、不安、恐れに苛まれ、常に、「外側の何かが原因でこんな思いにさせられている」というストーリーに取り巻かれているのです。

僕たちは、それを体験しながら宇宙に還り、また地球に生まれるという輪廻転生を繰り返しているので、「この無価値感を克服したい」と魂が思えば、何度輪廻転生してもその課題がクリアされるまで、同じような人生をたどることになります。

これらすべては、僕たちが、本来の意識から分離して地球に存在していることによって起こります。なぜなら、本来僕たちはもっと高次の意識であり、愛や豊かさのエネルギーそのものだから。

僕たちが、この「分離」を癒し、本来の自分と「統合」されれば、分離によって生み出された地球の周波数から影響を受けなくなります。

つまり、不安や恐れ、悲しみ、無価値感、罪悪感、病気など、僕たちがもともと味わいたかったそれらのネガティブな感情や状況からの影響を受けることがなくなるのです。

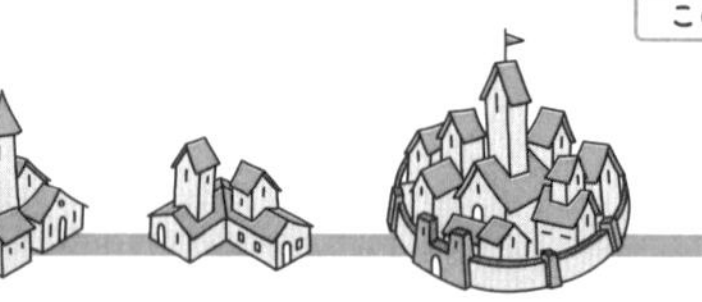

この境地に達するには、これまで人間は肉体を離れて宇宙に還る必要がありました。一部の人々が悟りを開いたそのあとで光となって消えた、というような伝説があるのは、そのためです。

でも、今の地球は違います。というのも、**地球自身が、これまでの眠りから目を醒まし、次元上昇すると決めたから。** 地球も、僕たちも、これからは新しい地球で、愛や豊かさを存分に享受する新しい映画を見て、新たな楽しい冒険の旅に出ることができるのです。

「日常生活」を使って目醒める

さて、本来の自分に還るため、目醒めるために必要なもの。

それは「統合」です。

統合とは――自分の中の「分離」に気づくたびに、それらを癒し、自分の中をひとつにすることです。統合によって波動が上がり、元の完全な意識を思い出すことができます。

もう少し具体的に言うならば、統合とは、この地球上で取り込んだネガティブな周波数を手放し、それを宇宙で本来の光に変えて、自分に取り戻す作業のことです。

たとえば、人に嫉妬していることに気づいたら、その嫉妬の周波数を自分の中から外して宇宙に送り、光に変換して受け取ります。そうすると、嫉妬の感覚はなくなり、代わりにそこには愛が生まれます。

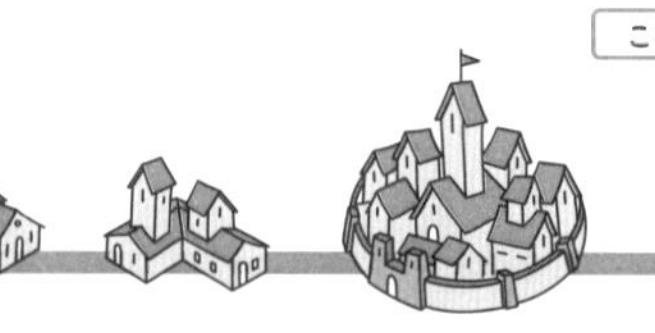

　または、前世で殺されたり、親子が引き離されたりして亡くなった場合、次に生まれ変わったときも、そのときに抱いた感情に向き合うことになります。

　理由のわからない悲しみや怒り、これを解決する方法はただひとつ。過去世から持ち越してきているかもしれない悲しみや怒りの周波数を自分の中から外して宇宙に送り、周波数を変換して受け取ること。そうすると、やはりそこには愛が生まれ、癒され、満たされた感覚が芽生えます。過去世から持ち越した感情も光になって消えていきます。

　分離することによって体験してきたネガティブな感情を手放すことで、自分の中の分離がひとつに統合され、本来の自分の力を取り戻すことになります。**つまり「統合」は、本来の自分を思い出すことなのです。**

　地球の周波数を外し、分離を統合することで、目を醒まし、宇宙的な雄大な存在である本来の自分に還る。

　この統合のワークについては、追い追い、この本の中でお伝えしていきたいと思います。

誰かを〝目醒めさせる〟ことはできない

「目醒め」とは、これまでの自分の現実や意識のすべてを180度ひっくり返すほどのインパクトです。

ひとたび、自分の意識をひとつに融合させて創造主に戻っていくと、映画の中で、自分が映写機であることを忘れていた意識が目を醒まし、スクリーンから抜け出し映画館のイスに戻ります。そして、映画を外から俯瞰（ふかん）して眺められるようになったとき、映画にのめり込んでいた意識とそれに使っていた力を、すべて取り戻すことになるので、自分ですべてをつくり出すことができるようになるのです。

自分が嫌な目にあったり、願ったことがかなわなかったりしていた世界は、すべて、自分で生み出していたということを、魂レベルで理解することになるわけです。

すると、この地球で起きているすべてのことに、加害者や被害者というレッテルを

貼ることがなくなります。すべての物事に自己責任の意識が伴うようになり、あらゆることへの「ジャッジ」がなくなります。

そして、自分の可能性を最大限に発揮し、やりたいことをなんでもやり、なりたいものにはなんにでもなり、行きたいところへはどこへでも行ける。そんな〝奇跡〟のようなことすら、いとも簡単に現実になります。

ここ10年ほど、多くの人々が「二極化が始まった」「アセンションが起きる」「2020年が変化の年」「目醒めのときだ」と言ってきたと思います。

地球上に目醒める人が現れ、伝え始めたからこそ、最初は半信半疑だった人たちも少しずつ目醒めを意識し始めて、思い描いたとおりのことが起きることを知り、波紋のように「スピリチュアルは存在し、僕たちは宇宙だった」ということを思い出しているのです。

しかしながら、もっとも大切なことですが、目醒めるかどうかは個人の魂レベルでの自由意志です。

目を醒ますか醒まさないかは、ひとりひとりの判断であって、そこに優劣はありません。**パートナーや親、子どもなどを「目醒めさせたい」という人がときどきいます**

が、それはできません。できるのは、自分が目醒めた姿を見せていくことだけです。

誰もが、いつかは目醒めていきますが、それはすべて自分の魂が決めること。おせっかいを焼くことはできないのです。

ただ、目醒めのときを迎えている今、母なる地球の変化と共に、人類に目醒めを促すことはあります。天変地異などの災害を通して、「本当に大切なことは何か？」「これからどう生きるべきか？」に向き合うよう、メッセージを与えることもあるのです。

2021年冬至に閉じるゲートに滑り込め

宇宙は意識を持っています。

地球はというと、ガイアという女性性の意識を持っています。

ガイアとは、1970年代にイギリスの科学者であるジェームズ・ラブロック博士によって「ガイア理論」として提唱されたもので、地球そのものを指すこともあり、地球を自己調整するシステムを指すこともあります。

宇宙と地球は相互に影響しあっていて、地球と生物もまた相互に影響しあっています。共存し、地球の変化に生物は適応し、変化した生物に影響を受けながら地球もまた進化してきました。つまり、進化し続けているひとつの大きな生命体であり、生きたシステムなのです。

ですから、地球で生命として生きている私たちもまた、地球そのものです。だから、

この地球の意識とコンタクトをとることも、コミュニケーションをとることもできます。

その地球に大きな意識の変化が訪れたのが2012年の冬至。スピリチュアルな世界で「アセンション」が騒がれた時期です。

世間では何も起こらなかったように思われていますが、この日、洪水のように流れ込んだ宇宙からの光が、ガイアの意識に確実に目醒めを促しました。

そのエネルギーは断続的に流れ込んでいて、今度は僕たち人類に目醒めを促してきました。

そして2020年の春分、エネルギーはピークを迎え、2021年冬至には完全に引くことになります。つまり僕たちは今、さらに次元上昇していく地球と共に、新たなステージに移行しようとしているのです。

新しい地球へのゲートが開いた、2020年の春分の日。

それはわかりやすく言うと、プラットホームにいる私たちの前に、今まで乗ってい

た「眠りの電車」ではない、「目醒めの電車」が到着し、ドアが開いたイメージです。新しい地球への切符は誰しもが持っていますから、あとはどちらの電車に乗るのか自分で選び、乗り込むだけ。

地球と共に目醒め、次元上昇していくことを決めれば、すべての人がこれまでの地球とは次元の違う地球へと移行することになります。

この「目醒めの電車」の出発時刻が2021年の冬至なのです。

ジリリリリリ、と、ベルが鳴ってドアが閉じたら、これまでの「眠りの電車」と、「目醒めの電車」はそれぞれ別次元へと発車することになります。

とはいえ、この本を手にとったとき、その冬至を過ぎていたとしても、がっかりする必要はありません。**目醒めを選択した人でない限り、この本に出会わないからです。**

2021年の冬至以降、眠りの電車と目醒めの電車は、どんどんその方向性を違えて分かれていきますが、まだお互いの姿は見えています。だからこそ、僕たちの世界は今、ポジティブとネガティブとが混在した、混沌とした状態にあるわけです。

そしてこの電車は、完全に分かれてしまったら、もう乗り換えられませんが、まだ

お互いの姿が見えている間なら乗り換えられないわけではありません。本気で変わる意志があり、覚悟したのであれば、映画『ダイ・ハード』のジョン・マクレーンや、『ミッション：インポッシブル』のイーサン・ハントのように、ありえないアクションで、走る電車から隣の電車にジャンプすることもできるはずです。

そして、勘違いしないでいただきたいのが、これは選民思想的なものなどではなく、完全に自分の選択であるということです。

「眠り＝悪い」「目醒め＝良い」ではありません。宇宙は本当に慈悲深いので、何度でも「やり直し」をさせてくれます。だから、眠りの中にある古い地球に残った人たちも、いつかは、次元上昇する電車に乗り込むことになります。すべての魂は必ず目醒めるときを迎えるのです。

でも、次のチャンスは2万6千年後です。

「今こそ目醒めの時期」というのは、2万6千年ごとのアセンションのタイミングに、ちょうど今僕たちは生きていて、「統合の時期に入ったのでそろそろ目を醒ましませんか？」と、宇宙から招待状が届いているからです。

だからこそ、今なのです。せっかく肉体を持ったまま高い意識に目を醒ますことの

できるタイミングを迎えている今、何度も輪廻転生して苦悩を繰り返すのは終わりにして、本当の意味で愛と調和に満ちた世界へと向かう電車に乗り込みませんか？

この波に乗り、目醒めることで本来の自分を取り戻し、創造主としての力を発揮することができたなら、この世はあなたバージョンの天国に変わります。なりたいものになり、行きたい場所に行き、自分の可能性を十二分に発揮できる場所になるのです。

そうして、いつかは訪れる、滞在期間を終えるそのとき、「あぁ、おなかいっぱい！」と大満足で肉体を脱ぎ、宇宙に還っていけたら最高ですよね！

「現実」を変えようとしない

映画のストーリーは、どこかの星やパラレルの次元で実際に起きたことであることも多く、そのストーリーを描いた人は、宇宙から情報を無意識レベルでチャネリングしてつくりあげています。

ファンタジー映画や宇宙戦争など、これまでの地球では想像もつかないようなことも、他の惑星や次元には実際に起きていることがあるわけです。

それを「なるほど……そんなこともあるかもしれないな」と、柔軟にとらえられる人は、深い眠りの中で自分が囚われている制限にも気づくことができるでしょう。そして、「ああ、それなら、どんな問題も解決しそうだ」「お金だっていくらでもつくり出せる」「宇宙にもたくさんの人たちが暮らしているのかも」と、気づくはずです。

ひとたび、自分が囚われていた制限に気づくと、人生は加速度的に変わります。

制限を外した魂は、より宇宙のリズム、上昇している地球の波動に同調していきます。すると「できない」という制限・制約がなくなるので、思ったことはすべて形になっていくのです。

これまで、眠りの世界にあった地球でも、「現実を変えたい」「もっと幸せになりたい」と願った人たちが、心の仕組みやこの世の仕組みを研究し、自己啓発や願望実現の手法を世に生み出してきました。

そのうちに、「リアルに思い描けばそれは現実になるようだ」といった、自分本来の神としての創造力の一端に気づき始めた人たちによって、これらの法則は広まっていきました。

心理学や心理療法もまた、人が人の存在、心について研究していった結果、そこに法則や仕組みがあることを発見し、心の解放を試みてきたわけです。

ですが実際には、これらの手法の中には「目醒めた人が、目醒めへの道を説いたもの」と、「目醒めていない人が、現実のみを変える方法を説いたもの」とが存在すると言えます。

ここで、「眠りの中で生きる方法（現実のみを変えようとする方法）」をチョイスし

てしまうと、目醒めるどころか、より深く眠りに落ちてしまうこともあり得るわけです。現実そのものを変えようと、現実を水平方向に直視するのではなく、「これは何を教えてくれているのだろう」と、物事を垂直方向に俯瞰的な方向から見てはじめて、魂の目的を知り、本質的な解決につながります。

もし、本当に変えたいのなら、その現実自体をなんとかしようとしないこと。こう僕が常々お伝えするのはこんな理由です。

眠った状態で何かしようとするよりも、まず目を醒ます。それが近道です。**現実を変えようとしても変わらないのは、あなたがまだ眠りの中にいるからです。目を醒ませば、どうせ変わります。簡単に、180度、変わってしまうのです。**

今、地球は急速に波動を上げていて現在はもう、4次元の上層までできています。これから2032年に向けてさらに波動を上げ、5次元に安定しようとしています。

僕たちが肉体を持ったままこの地球と共に上昇していけば、魂は完全に目を醒まし、これまでの地球ではありえないと思われていたことに、次々と遭遇します。

そのとき、目醒めている誰もが、奇跡を日常的に体験し、まるで魔法使いのように、思うがままの世界をつくっていくことができるようになるでしょう。

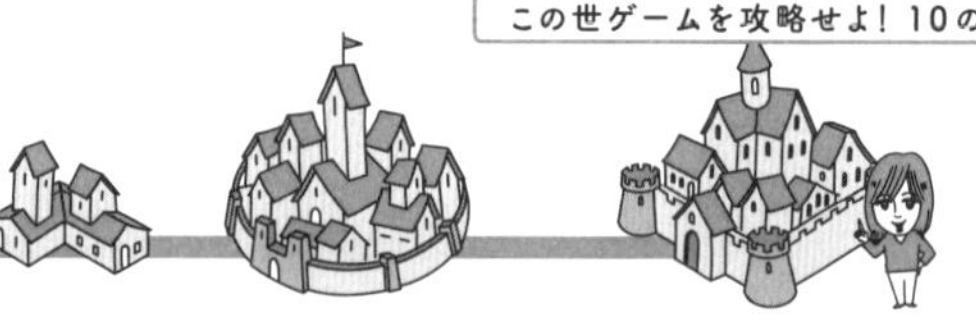

「ニセモノの目醒め」にだまされない

急速に次元を上昇させている地球で、目を醒ます人たちが増えたことで、スピリチュアルブームが起こっているのは自然な流れです。

でも、たとえスピリチュアルを学び、知ったとしても、目が醒めているかどうかは別の話です。スピリチュアルという言葉を使わずとも目醒めている人もいれば、スピリチュアル好きの「目が醒めたつもりの人」もいます。

目が醒めている人というのは、自分にも周囲にも制限の意識がありません。制限がないから人に対してジャッジすることもなく、子どものように無邪気に「これがしたい！」「こうありたい！」「こうなりたい！」と言えるし、そこに向かってワクワクしながら、行動することができます。

一方、目醒めたつもりの人は、「目醒めて好きなことをやります！」と言いながら、

自分が本当にやりたいことから少しずれた、「これくらいならできるかも」というワクワクの周辺をなぞり、目醒めているつもりになっていたりします。

つまり、本当にワクワクすること、ではなく、2番手、3番手のワクワクを生きることで、だんだんとつまらなくなり、目醒めのプロセスが止まってしまうことになるのです。

というのも、**目醒めのプロセスとは、真にワクワクしながら行動するときに浮き彫りになる「できないかもしれない」という地球の周波数を、そのつど手放すことで、目醒め続けていくものだから。**

「できないかも」という感情に代表される地球の周波数を感じ、その都度「外していく」ことで、さらに目が醒めることになるからです。

だから、「私は目醒める！」と決めたら、自分が一番ワクワクすること、心から楽しいと思えることにベクトルが向いているかどうかを確認してみてください。

そして、もしもあなたが、好きなことをやっているつもりなのに無気力、無力、無関心な感じがしたら、本当にそれが一番のワクワクなのかをチェックしてみることを

おすすめします。

僕たちは本来の自分と一致しているときに「ワクワク」や「喜び」というポジティブな感覚を感じるようになっています。

それが「本当の自分」を生きているという明確なサインなのです。

人は、2番手、3番手のワクワクを選んでいると、本当の一致感からだんだんとずれていってしまい、目醒めることから遠ざかっていきます。いつでも自分の感覚を信頼し、自分の感覚で一番のワクワクを選ぶことが大切というわけです。

その一番のワクワクに向けて動くと出てくる地球の周波数をひとつひとつ手放し、統合することで、僕たちは本当の意味で目を醒ましていくことになるのです。

目醒める人の「こ・ひ・し・た・ふ・わ・よ」

ここまでで、「私は実際には目醒めているんだろうか、まだ眠っているんだろうか」と不安になった方。

目が醒めているかどうか、を確認する方法があります。

目が醒めている人は「こひしたふわよ（恋慕うわよ）」の状態にあります。

「こ」……心地よい
「ひ」……惹かれている
「し」……しっくりくる、スッキリする
「た」……楽しい
「ふ」……腑に落ちている

「わ」……ワクワクする
「よ」……喜びを感じている

この状態にあるとき、あなたはあなた本来の高次の意識である「ハイヤーセルフ」とつながっている状態です。つまり、宇宙そのものであったときの意識に還り、地球の古い概念に囚われずに自由に望みをかなえることができる状態にあります。

あなたのまわりにも、軽やかに驚くような奇跡を起こしている人はいませんか？ そういう人は、常に楽しそうで、ワクワクしていて、その上で地に足がついている（スッキリしているように見える）のではないでしょうか？

そういう人が輝いて見えるのは、その人がハイヤーセルフとつながっているから、あるいは、ハイヤーセルフそのものの状態だからです。そして、ハイヤーセルフであることを思い出した人に惹かれるのは、本来、自分も宇宙の意識そのもので、ハイヤーセルフそのものであったことを魂が知っているからです。

地球は今、光の時代へと急速に変化しつつあります。光の時代と

は、新たな始まりを告げる春の時代です。

これまでは闇の時代でした。それが光の時代へと移りますから、これまでは暗闇にまぎれて隠されていたことが、次々と明るみに出ることになります。光が当たらなかったがゆえに、なあなあで済まされていた物事が、白日の下にさらされることになるのです。

春だから日が差して暖かくなる。すると、冬の間に着ていた厚手のセーターだと汗ばみます。重ね履きしていた靴下も脱ぎ、大判のマフラーも外す。そう、重装備からごくごく軽装備へと、僕たちの心も変化することが必要になります。

新しい時代に合った価値観、考え方を選択する必要があるのです。手荷物は最小限に、心軽やかに。そんな時代がやってくるわけです。

目を醒ますのか、眠り続けるのかで、光の世界を生きるのか、闇の世界を生き続けるのか、という二極化が起きます。

繰り返しますが、眠りの状態にとどまるのも、目醒めるのも自由であり、そこに優劣はありません。でも、眠ったままの人と、目醒めた人とでは、同じ地球に存在していたとしても、次元を上げていく地球とこれまでの地球とに、地球そのものが分かれ

ていくため、両者は出会うことがなくなるのです。

つくづく、地球というのは面白いものです。この転換期の今、地球と生物とが相互に影響しあって起きる進化の過程を、僕たちは今まさに目撃しようとしています。

その地球を選び、降り立った魂である僕もあなたも、この地球での経験を本当の意味で存分に楽しむことに、これからは意識を向けていきませんか？

見えない存在とコンタクトをとる

僕たちは、本来の完全な意識を忘れて眠ったわけですが、それは並大抵のことではありませんでした。だって、〝なんでもできる〟意識が、〝何も知らない〟意識になるには、相当波動を下げなければならなかったからです。そうまでして、僕たちは「眠りのゲーム」を体験したかったのです。

ですから、簡単に目を醒ますわけにはいきません。**そこで、高次の自分は低次の自分である自我（エゴ）に、「もしうっかり目を醒ましそうになったら、全力で止めてね！」と、頼んでいたわけです。目を醒ます動きが出てくると、たくさんの抵抗が起きるのはそのためです。**

不安や恐怖を浮かび上がらせて、「ほら、やっぱり眠っていたほうが安全だよ」「今までのままでいようよ」と、「目を醒ます」と決めた意識をまた眠らせようとします。

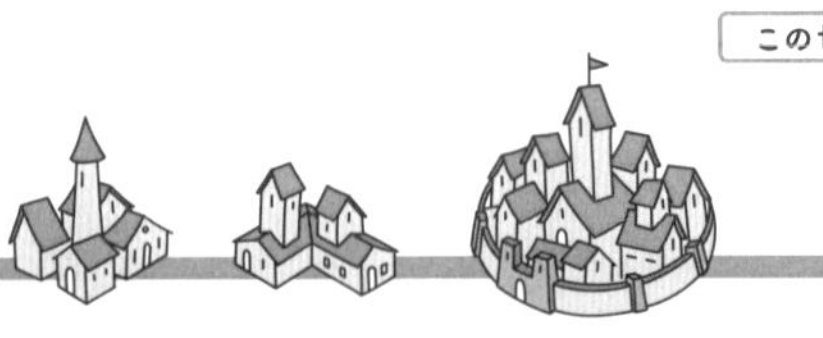

ですが、同時に、宇宙や地球からの目醒めの応援のエネルギーもあなたには届いています。その応援を受け取る方法のひとつとして、目醒めると決めたらぜひ、目には見えない高次の存在、天使たちに質問を投げかけてみてください。

僕は、目醒めを経験したころ、天使からたくさんのメッセージを受け取りました。

たとえば、人生の生きる意味に気づかせ、使命やその人の役割を明確にしてサポートしてくれる大天使ミカエルです。自分のセッションルームを持ちたいと考え始めた僕は、ミカエルにサポートを求めるために質問を投げかけました。

「独立してカウンセリングルームを持ちたいのだけど、どう動いたらいいでしょうか?」

僕の問いかけにミカエルは「11月8日に仕事を辞めるとオーナーに伝えなさい」とメッセージをくれました。僕は驚きました。何も決まっていない今、いきなり「辞めます」と伝えて僕の未来が開けるのだろうか。そう不安になりましたが、この不安こそ、目醒めを阻害する自我の抵抗です。

天使を信じると決めていた僕がそのとおりにすると、事情を聞いた当時のオーナーが、「それなら、今の店のスペースに余裕ができそうだから、並木さんのセッション

ルームとして使ってはどう？」と、提案してくれたのです。

このように、天使たちは、明確な質問には明確に答え、サポートしてくれます。

大切なのは、宇宙の法則として、「本人の自由意志を尊重することを前提に、サポートが行われる」ということ。**つまり「目醒める」と覚悟した人にのみ、目醒めを促すサポートが行われるということです。**

だから、不安になったとしても、「目醒める」と決めたら、迷わないこと。地球の古い周波数である不安や心配、恐れや嫉妬、罪悪感、無価値感……それらネガティブな感情が出てきたら、喜んでください。それが、目を醒ますことを決めた意識のあり方です。まずは、あなたの中に湧き起こる感情に気づいてあげることから、始めましょう。

以上、「攻略のための10の掟」をご紹介しました。

これから僕たちがのぞく4つのスピリチュアル・アドベンチャーは、人がどんな眠りに陥っていて、そこから目醒めるヒントはどのようなものなのかを、端的にわかりやすく示しています。眠りの状態に気づくことができたら、より強く目醒めを意識することで、古いネガティブな周波数を外していくことができます。

あなた自身のドラマは、どんな「眠りのゲーム」の中にいて、何を味わおうとしているのか。

それを想像しながら、楽しく読んでいただけたら幸いです。

ストーリーの合間に、まるで副音声のように僕の解説をたっぷり盛り込んでいます。宇宙の法則のおさらいと、具体的なワークの解説をしていますので、どうぞお見逃しなく。

さぁ、「あの世」がしかける「この世ゲーム」を攻略する、スピリチュアル・アドベンチャーの始まりです！

2部

ゲームを攻略して目醒める人々

イントロダクション：現れた4大天使たち

それは、僕、並木良和が東京の街を一望する、とあるホテルのラウンジで、ゆったりとした時間を過ごしていたときのこと。

「な、な、並木く――――ん」

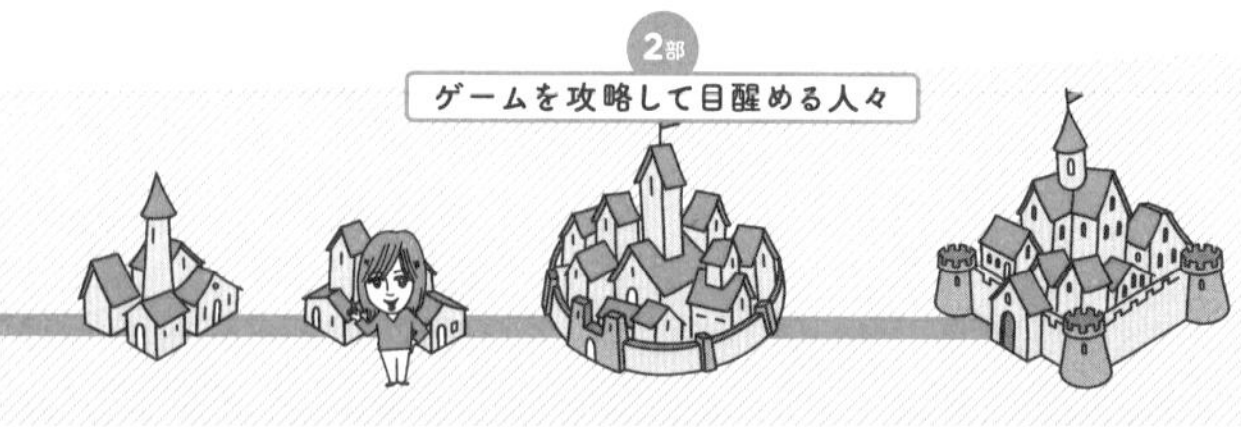

見ると、窓の外にワニ顔のミカエルくんが張りついている。

「ミ、ミカエルくん！　ど、どうしたの？」

僕は、顔色を変えないようにして、心の声で話しかけた。

「どうしたもこうしたもないんだよ。足りないんだよ」

「何が足りないの？」

「目醒める魂が、だよ」

「え、そうなの～？」


その瞬間、僕の意識は光に包まれて、天界へ飛んでいた。

そこには、4人の大天使がプカプカと浮かんでいた。

人間の目醒めをサポートしている、8次元以上に存在する天使たちだ。

「美しい目醒めの曲や、物語を生み出す作家が足りないんだ」

とガブリエルくん。クリエイティブをサポートし、人間の才能を引き出す大天使だ。

「知恵も足りないよ。知恵のある人間が目醒めないと、目醒めたい人たちに知恵を授けることができない」

とウリエルくん。どんな問題でも論理的な解決法を授けてくれる知恵の大天使だ。

「病気を克服させられる、治療家も少なくってね」

とラファエルくん。天界きってのヒーラーで、人間の病気克服をサポートしている大天使だ。

「ということでね、使命を持っているのに起き方がわからない人がたくさんいてね」

とミカエルくん。今世での使命をサポートする大天使だ。

「だけど、目醒めるかどうかは、それぞれの魂の自由だし、僕たちは、宇宙の真実を伝えるのが仕事だよね？」

と僕。

「本来はそうなんだけど、起きると決めていて、実際起きる予定の人が起きられないっていう、異常事態なんだよ」

とミカエルくん。

「そうかぁ。きっと、深く眠りすぎて、これが〝目を醒ますゲーム〟だってこと自体を、忘れてしまったんだね」

と僕。

さて、ミカエルくんが言っているこの「実際に起きる予定の人」というのは、先に目醒めて、これから目醒める人をサポートしていく役割を持つ人たちのこと。

僕が、すでに情報として宇宙から受け取っているのは、14万4千人が先に目醒め、これから目醒める人をサポートしていくということ。

どうやら大天使たちはこれらの魂がなかなか目醒めない、と慌てているようだ。

「まあでも、魂レベルで目醒めると決めた人は、放っておいても目を醒ますと思うけど……いったいどうしてそんなことになってしまってるの？」

「インターネットや電子機器によって、よりたくさんの情報に取り囲まれるようになって、人間本来の受信機能に障害が起きてしまっていると思うんだ」

とヒーラーのラファエルくん。

「それでですね」

と、知恵の天使ウリエルくんが、目をキラキラと輝かせてこう言った。

「僕たちで、起こしに行こうと思うんだよ！」

「そうそう、起こしに行こうと思うんだよ」

とミカエルくん。

「でもさ、僕たちの存在は眠っている人たちにとっては架空のものだから、信じてもらうのが難しいじゃない？」

とガブリエルくん。

「だからさ！　手伝ってほしいんだ！　並木くんに」

とラファエルくん。皆、目が爛々（らんらん）としている。

どうやら目醒めゆく地球で、この偉大な大天使たちは3次元最後の冒険がしたいらしい。

「そっか、君たちは、人間が味わっている『この世ゲーム』をのぞいてみたいわけだね、乗った！　よーし、じゃあ、眠っている人たちを、さっそく見に行こう！」

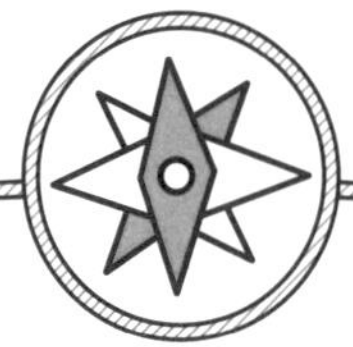

第1話

「混沌の城」からの脱出

◎「どうしてもうまくいかない」とき、何が起きているのか？

ヒカリは駆け出しのフォトグラファーだ。

美術系の大学の写真学科を卒業して2年。新聞社系の出版社の契約社員の24歳。誰もが知っている出版社でのキャリアをスタートしたヒカリは、フォトグラファーとして生きていくための切符をつかんだと思っていた。

とはいえ、この世界は実力社会。

人一倍負けず嫌いのヒカリは、現場でも、会社でも、誰よりも良い写真を撮ろうと他のフォトグラファーともめたり、現場の場所取りなどで相手に突っかかってしまうことも多かった。特に、男性にはきつくあたる傾向があった。

いわゆる、気の強い女だ。その自覚はあったが、強気な性格は、世界に羽ばたくための武器だと思っていた。

——私だけに撮れる世界がある！　私は誰にも負けない。

仕事を選ばず、日本中を駆け回る毎日の中で、その思いだけは、日々強くなっていた。その一方で、ゆっくり休むことのできない不規則な生活。食生活も乱れ、肌は荒

れ、髪もバサバサ。家には寝に帰るだけ。もはや、気持ちだけで突っ走る毎日だった。

ある日、いつものように終電に飛び乗ったヒカリは、ついウトウトし、危うく降り損ねそうになりながら、重たい体を引きずって自宅マンションの入り口に着いた。

――あの部屋には、帰りたくないなあ。

部屋に近づくにつれ、疲れが増す。

高級感のあるエントランス、オートロックのマンションだ。間取りは2Kで、20代の独身者が住むには十分すぎるくらいの物件なのだが……ドアの向こうには恐ろしい光景が広がっている。それを知っているのはヒカリだけだ。

ドアを開けると、そこには今朝と変わらない光景。床の見えない部屋があった。足を踏み入れるだけで、胸が締めつけられる思いだ。

「はあ、疲れた」

玄関付近に荷物をどさっと置いて、踏んでも支障なさそうな場所を探しながら、ベッドまでたどり着き、そのままバッタリと倒れるようにして横になった。

そのとき、スマホの着信音が鳴った。彼氏の時生（ときお）だ。

「もしもし？」

「ああ、ヒカリ？　今大丈夫？」

「あ、うん、まあ」

数日ぶりの電話だったが、もう疲れ果てていて話すのも億劫(おっくう)に感じたヒカリは、生返事をした。

「明日休みだよね？」

「そうだけど」

「そっちに行ってもいい？」

「あ、いや……」

見られてもいないのに、バツの悪い気持ちになるヒカリ。プライドの高いヒカリは、自分が汚部屋の住人であると、時生に伝えることができないのだ。

「明日、朝早く出て、夜まで帰らないから」

ヒカリはそう言って、「じゃあ来週は？」と尋ねようとする時生の言葉を遮って、

「ごめん、私、忙しくて疲れてるの」と伝え、電話を切ってベッドに突っ伏した。

——何かが違う。こんなはずではなかったのに。

どう違うのかはわからないけれど、現実への違和感だけは非常にリアルだった。

これこそが、ヒカリの目醒めの兆候だった。

「でも……なんだかわからないけれど、私にしか撮影できない景色があると思う」

理由のないその思いと、現実への違和感を抱えて、いつの間にか、ヒカリは眠りについていた。

◎「本当のあなた」は深い「眠り」にコントロールされている

そこはニューヨーク。曇っていて、少しグレーがかった街を歩きながらビル群にカメラを向ける。ファインダー越しに、街並みや人の輪郭が浮かび上がって、夢中でシャッターを切る。でも、なんだか物足りない。

——もっと、私にしか切り取れないクリアな世界がある。

その思いがまた、湧いてくる。

そのとき、ファインダーの向こうの電光掲示板に、文字が浮かんでいるのが目に入る。

「起きろ、ネオ」

そのセリフで、この夢の世界観に気づいた。

――あ、これ、映画『マトリックス』の世界だ。

『マトリックス』は、1999年に公開され、大ヒットしたアクションSF映画。コンピュータプログラマーとしてニューヨークの企業で働くトーマスが、ある日、自宅のパソコンで不思議なメッセージを受け取る。凄腕ハッカー・ネオとしての裏の顔を持つトーマスは、この世界の違和感に気づいていた。「起きろ、ネオ」「マトリックスが見ている」。そのメッセージに導かれて、トーマスは、モーフィアスという男に出会う。そこで知った驚愕の事実は、「私たちがリアルな世界だと思っているこの世界は、実は、夢の中と同じ」ということ。目を醒ますことを選択したトーマスは、本当の自分に目醒めていく……というストーリーだ。

ヒカリはその映画の世界を夢の中で彷徨っていた。電光掲示板に促されるように、あるビルにたどり着く。

――あ、そうそう、ここで、ガタイのいい黒人のモーフィアスが出てきて、青いピルと赤いピルを見せて、目醒めを促すんだよね。

ドキドキしながら、ドアを開けた。

「やっと、会えましたね」

「え！　ちょ！　違う！　バッハじゃん！！！！　しかも鳥！　白鳥!?」

「違います、違います。僕は、ガブリエル、大天使ですよ。ほら、よく見てください。羽があるでしょう？　バッハくんは確かに宇宙とつながってましたが、天使ではありませんでしたよ」

「は？　大天使？　何言ってるの？」

ヒカリは目の前の白鳥バッハもどきを見つめた。

「あ、そうだ。これ、夢だから白鳥バッハでもいっか」

「で、どちらのピルを飲まれますか？」

ガブリエルの手のひらには、右に赤いピル、左に青いピルが置かれていた。

「どっちを飲むって。これ……映画の中では、主人公が赤を飲んで、仮想現実から肉体を取り戻して本当の世界に戻り、心の牢獄から自由になって、仮想現実の世界と闘うっていう」

「そうでございます。で、この夢はあなたの夢なので、青を飲めば目が覚めてあなたはまたあの汚い部屋から、カメラを抱えて仕事に出かけていくことになるのでございます」

「え！　ちょっと、なんで私の部屋を知ってるのよ」

「まあまあ、これはあなたの夢ですから」

「あ、ああ、私の夢か。じゃあしょうがないか」

怪訝(けげん)そうな顔のヒカリに、ガブリエルがコホンとひとつ咳払(せきばら)いをしてこう続けた。

「赤を飲めば、自由になれます」

「自由……」

ヒカリは「自由」という言葉に反応して少し黙った。

「私は、今も、自由だと信じているんだけど……好きな仕事をしているし、夢に向かって突き進んでいるし」

「そうですねえ。あなたは確かに、頑張っています。ガムシャラに夢に向かって邁進(まいしん)しているあなたは、周囲から見たら生き生きとしていて、輝いていて、やりがいのある仕事をしているスーパーウーマンでしょう。空だって飛べてしまいそうですね。そりゃあ、自由に見えますよね。人から見れば、ですが」

「え……何が言いたいの？」

ヒカリは少々ムッとしてガブリエルを睨(にら)んだ。

と同時に、ガブリエルのその言葉に、胸の奥底のほうをギュッとつかまれるような

感覚になった。

「ガムシャラに何かを求めているあなたは、同時に、今の自分に違和感を覚えていらっしゃる。まるで、本来の自分に目醒めを遮られているかのように」

ヒカリの考えていることを読んでいるかのように、ガブリエルが言った。

普段気づかないようにしている自分の本音がふわりと降りてきた。

「私、負けたくない。でもそれって自由じゃないのかも……」

そう言うと、胸の奥がまた苦しくなった。

「あなたの魂は今までは、この地球上でその不自由さを存分に体験したくて、それを選んでいるだけなのでございます」

「不自由を体験したい？」

「そう。不自由を体験するために、深い眠りに落ちているのです。地球に来ている魂は、これまでは皆そうだったのですよ。我々がいる宇宙というのは、本来、もっと高次元のエネルギーを持っています。すべての魂が創造主です。どんな願いも、思いついた瞬間にかなっているのが宇宙の本質ですからね。一方で、地球では、できないことだらけでしょう？　何か願いがあっても、次の瞬間かなってはいません。計画を立

てたり、努力したり、うまくいかない体験をしながら、やっと手に入れるというプロセスを体験したい魂が、地球に来ているのです。さらに、この地球上で、人間は多くのネガティブな感情を体感してきました。罪悪感や無価値感、不安、心配、恐れ、嫉妬、怒りなどがそうです。負の感情を味わってみたい魂が、列をなして地球にやってきているわけなのです」

「でもさ、バッハさん。いや、白鳥さん」

「いえ、私は、ガブリエルです」

「どっちでもいいけど、じゃあガブリエルさん。どうやったら、深い眠りから目を醒ますことができるの？」

「それは簡単でございます。『目を醒ます』と決めるだけで、この眠りから目を醒ますことができます。ヒカリさんは、ずっと、言葉にはできないけれど、感じていることがあったはずです。『私には私にしかできないことがある』『もっと違う世界がある』って思ってこられましたよね」

「うん……ずっと違和感があって」

「だけど、変わり方がおわかりにならない」

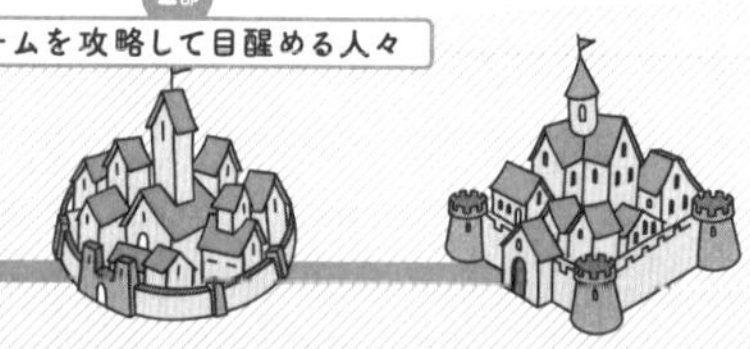

「う……うん」

「その感覚は、目醒めの兆候です。あなたが現実だと思っているものは、映画『マトリックス』と同じく、夢です。もちろん、あれはプログラムが生み出した仮想現実。で、こちらは地球という〝眠りのゲーム〟の世界ですが」

「たしか、映画のマトリックスの中では、人々は愛と幸せのプログラムでは生きていけないから、苦しみのある世界をつくったって……」

「そうなのです。なんというか、わざわざ深く眠り苦しさを味わって、そこから目を醒ますのが楽しい、という魂たちの魔訶(まか)不思議な遊び方がありまして」

「一度眠って、そこからまた目を醒ますゲーム……」

「しかしながら、今、地球自体が制限のある3次元から目醒めることを決めて次元を上昇させ、宇宙と融合しようとしております」

「地球が目醒めると決めた？　それなら眠っている私たちはどうなるの？」

ガブリエルが改めて両手を差し出す。

「もう、〝眠りのゲーム〟はエンディングです。残りの人生は、理想の世界を楽しく生きるという体験をしませんか？　目醒めた人にとっては、地球はそういう場所にな

ります。もちろん、眠り続ける地球も宇宙には存在しますから、まだ苦悩やあらゆる制限・制約を味わいたいのでしたら、目醒めなくてもかまいません。どちらをお選びになるも、ヒカリさんの自由でございます」

ヒカリはその手のひらを見つめ、ゆっくりと赤いピルを手にとった。

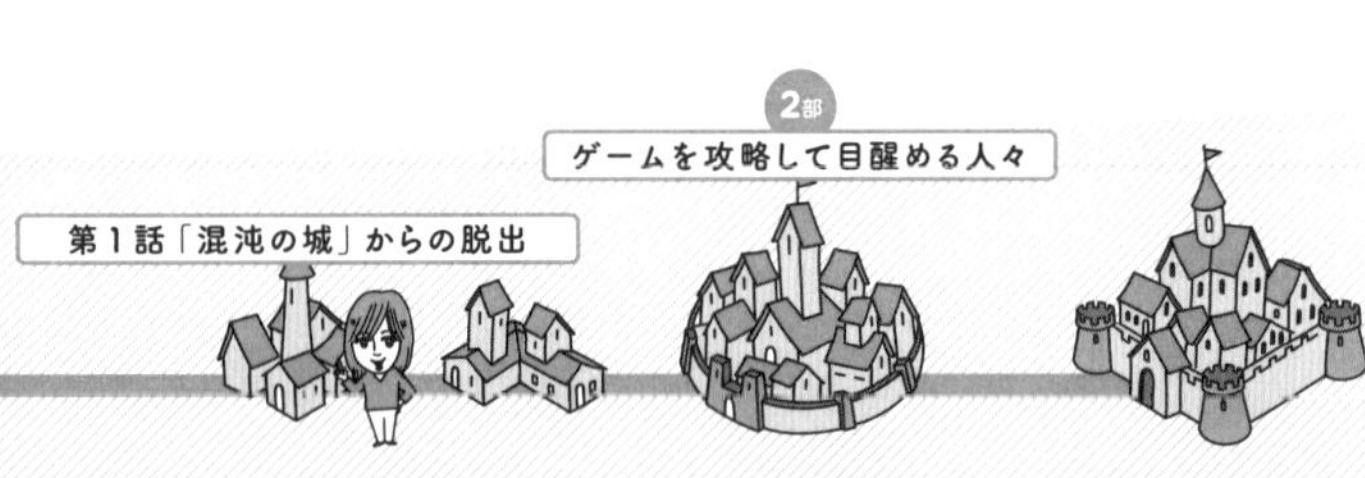

◎真に目醒め始めると、夢のような現実に変わる

目が覚めると、ベッドの上にいた。

そして……部屋の中に、バッハ、じゃなくガブリエルが立っている。

「え！　えええええ！　いや、だって、目が覚めたのになんでいるのよ？」

「あ、失礼いたしました。これは、まだ夢の中ですから大丈夫でございますよ」

「え！　夢!?　いや、大丈夫、じゃなくて、これも夢？」

あまりにもリアルな感覚に狼狽（ろうばい）しながら、襲ってきた別の感情があった。それは、彼氏にすら隠してきたこの汚い部屋を、人に見られたということへの恥の感情だった。

「これからあなたは目醒めますが、夢と現実とは、本来表裏一体です。映画のように、本当は、夢がリアルでリアルが夢かもしれません。ですから、起きた現実を夢だと思って、ここは、思い切ってここに彼を呼んでみてはどうでしょう？」

「え、いやいや、こんなの人には見せられない」

「そう、まず、あなたが気づかなくてはいけないのは、そこなのでございます。自分

のありのままをさらけ出しても、大変なことにはならないということ。あなたは、地球で『誰も助けてくれない』『弱さを見せてはならない』『完璧でなくてはならない』という体験をしているだけなのですから。しかしながら、これからの地球は光の時代ですから、どうしたって、隠していたものは光に照らされて表に出てきてしまうのでございます。たとえば、こんなふうに」

ガブリエルが指をパチンと鳴らすと、突然、カーテンが開いて部屋に光が差し込んだ。そうすると、遮光カーテンで遮られていた汚い部屋が、さらに汚く、舞っているホコリまでもが見えた。

「う……」

「こんな中で眠っていたら、性格が悪くなられてもいたしかたない」

「え!? 性格悪いって私のこと?」

「ギスギスして、いつも同僚の男性にはツンケンされていらっしゃる」

「ちょ……」

――この人、私のことずっと見てたのかしら。でも、当たっているだけに、何も言えないわ。それに、なんか、そうやって直球で指摘されると、むしろ、ホッとするのは

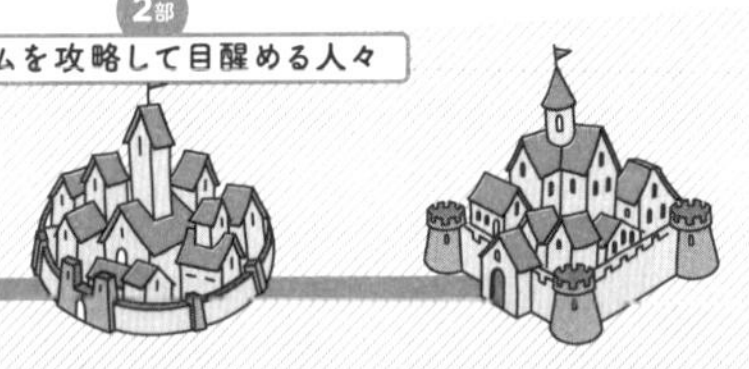

なんでなんだろう。

「もう、目を醒ますときがやってきたのでございます。目が醒めたとき、どんな自分でいたいですか？」

「目を醒ます？　その感覚自体がよくわからないけれど、せめて、朝起きたとき部屋がきれいだったら、どんなに気持ちがクリアになるか……」

「ヒカリさんは散らかった部屋にいることで、目醒める自分に抵抗していたのでございますね。ならば、きれいにして差し上げましょうー」

パチン！　またガブリエルが指を鳴らすと、今度は部屋の中が、まるでモデルルームのように片づいてしまった。

「か、片づいた。ああ、でも、まあ夢だからか」

ピカピカの床。ひとりがけのソファが姿を見せた。

ホコリまみれだったベージュの本革のソファが、ロイヤルブルーに変わり、輝きを放って存在感を発揮していた。

「このソファ……」

ヒカリが片づけられないのは、実家にいるときからだ。母親は、毎日のように「片

づけなさい」と口うるさく言ったが、自分の面倒を見るのは子どものころから不得意だった。大学進学とともにひとり暮らしを始めたときは「きれいな部屋に住む」と意気込んで、人生が変わったかのような気持ちになった。

でもそれも一瞬。あっという間に散らかってしまい、やっぱり自分の部屋で過ごすのが嫌いになった。

今の会社の契約が決まり、この部屋に引っ越した。「今度こそ、きれいな部屋で暮らして、フォトグラファーとして成功する」という決意を込めて、この革のシングルソファを買ったのだ。

畳んでいない洗濯物に覆われて、ホコリにまみれ、その存在すら忘れていたが。

空間のできた部屋。美しいソファ。

こういう部屋で暮らしたいと思っていたブルックリンスタイルのインテリア。窓を開けてみると、広いベランダにはデッキパネルが張られ、ハーブの鉢植えが良い香りを放っていた。

「どうでしょうか？　お気に召しましたか？」とガブリエル。

「う、うん……でも」

恐る恐る、ソファに手をかけて座ってみる。座り心地のいいソファ。スッキリとした空間を見渡したヒカリは、なぜだか落ち着かなくなった。

「なんだか怖い。どうしてだろう」

「あなたの魂は、この地球で、自由のない自分、苦難を感じたかったわけなのです。本当の自分に気づいて、なんでもかなう、軽やかで素敵な自分にたどり着かせないために、こうやって、散らかった部屋で邪魔をしていたのでございます。つまり、それがふさわしいと思って自分の自由を汚い部屋で封じ込めていたわけです。解放されたら、さあ、何が起きるでしょうか」

「うーん。もっと楽に生きられる気はするけれど、なんだか、軽やかっていう感覚が自分には似合わない気がする。汚い部屋に押しつぶされそうになりながら、ガムシャラに抜け出すために戦っていることが自分らしい気がして……た、の、だけど……でも、片づいてワクワクする自分もいる。どっちなんだろう、よくわからない」

「選ぶのはヒカリさんですよ。散らかった空間で後ろめたさを感じながら、ガムシャラに頑張るのがヒカリさんの〝眠りのゲーム〟。スッキリした部屋で心地よく、自由に安心して幸せになっていくのが目醒めた世界。どちらの人生も、選ぶのは自由。私

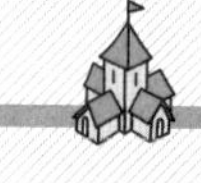

は、目を醒ますための第一歩を提供しただけでございます。でも、目を醒ませば、一瞬でこの軽やかさがあなたの現実になります」

「一瞬で？」

片づいた部屋。光の差し込む部屋を改めて見つめる。

――ここなら、時生を呼んで、楽しく過ごすことができる。でも、そうすると写真家としての自分の夢は追えなくなるのではないだろうか。反骨精神を持たずして、夢がかなうなんて思えない。

そんな不安も湧いてくる。

「これまで、どれだけ掃除にチャレンジしても、ある日突然思い切って一気に片づけても、やっぱり元に戻ってしまってた。それに、片づけようと思うと、体が急に重たくなって、ものすごく自分に嫌悪感が湧いてくるの」

「それなら、お片づけの専門家とか、掃除のプロにお願いしてみてはどうでしょうか？」

――確かに、片づけられない芸能人が片づけを定期的に頼むようになって人生が変わったというバラエティ番組も、昔見たことがあるけれど……。

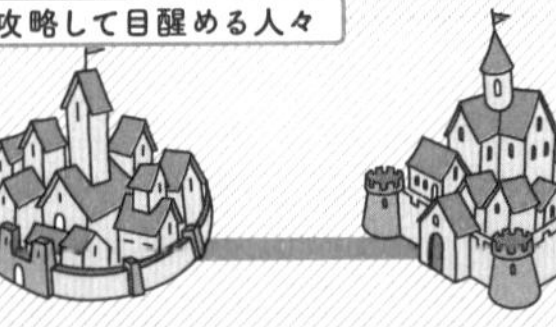

「えええ、いやだから、こんな汚い部屋、誰にも見せられないってば」

「あなたに必要なのは、助けを求めることですよ」

ガブリエルの笑顔が薄れていく。

◎目醒めると決めた人間には「手助け」が来る

ピピ、ピピ、ピピ。

目が覚めると、ベッドの上。目覚まし時計が鳴っている。

「あ、今度は、本当に目が覚めたのかな？」

部屋は相変わらず汚い。

「何も、変わってない。そりゃそうか。夢だもんね」

窓の外で、雀（すずめ）の鳴き声がする。

ベッドの上から、足の踏み場のない床を眺めて、思わずため息をついた。

「ああ、もう。この光景を見るだけで疲れるし、すごい罪悪感。でも、さっき夢で見た片づいた部屋は気持ちがよかったなあ」

部屋の中、洗濯物に埋もれたソファを見つめる。

「今日は休みだし、掃除でもしようかな」

そうつぶやいてはみたものの、あまりの散らかりぶりにため息が出る。

「なんだろう、この鉛みたいな体と胸の重さは……ガブリエルは、汚部屋が目醒めるのを邪魔してるって言ってたけど」

床に積み上がった雑誌を手にとる。

それは、春分の掃除特集の記事だった。

——そうだ。片づけをしようと思って、買ってみたはいいけど、そのままだった。

パラパラとめくってみると、そこには、

「なになに『片づけには、季節の力を借りてみる。春分や秋分、夏至、冬至などに合わせて行動すると変化の流れに乗りやすい』だって。あ、今日ちょうど春分の日じゃない！」

さらに、「美の大天使であるジョフィエルにアドバイスを求めましょう」と書かれていた。

——天使にアドバイスを求める？

「大天使ジョフィエル、私の部屋が片づくために何をしたらいいのか、アドバイスをください」

ヒカリは、雑誌に書いてあったとおりに、そうつぶやいた。

すると、遮光カーテンの下から光が差し込んでいるのが見えた。

ヒカリは、もう数週間は開けていないカーテンに手をかけ、思い切って開けてみた。

すると、春の光が部屋の中に入ってくる。窓を開けると、柔らかな風が吹いてきて、その風にまぎれて声が聞こえたような気がした。

「人に助けを求めてもいいんだよ。弱い部分を見せても大丈夫」

窓から見える空は遠く、広かった。

――ガブリエルの話だと、あの向こうには宇宙があって、本当の私の魂がいる。私は地球どころか、なんだか、このゴミの部屋に囚われているみたいだなあ。もう、この監獄からあの空に向かって飛んでいきたい。

ヒカリは改めて雑誌の記事に目をやった。そして、記事の監修者の並木良子という人のことをノートパソコンで調べてみることにした。

公式サイトを見てみると、並木良子は界隈では「並木プロ」と呼ばれていて、彼女の弟子たちに片づけをお願いすることができるらしい。

「頼んでみるか……」

これまでの自分であれば、プライドのほうが勝っていたのだが、このときは、自分を導くかのような流れに乗ってみようという気になった。

問い合わせサイトから思い切ってコンタクトをとった。

「これで、まずは第一関門突破かなあ」とつぶやいた次の瞬間、ピンポ――――ンと、インターホンが鳴った。

「は、はい」

出てみると、40代くらいの女性の姿が映っていた。

「ど、どちらさまでしょう？」

「並木良子でございます〜。お掃除にまいりました〜」

「え！　えええええ？　今、問い合わせしたところだったんですけど、まだ、日程とか何も。それに、なんでご本人が。いや、私の住所が」

「あ、いいんです、いいんです、細かいことは気にしないで～」

「え、いや、でも、あの」

「だってもう来ちゃったんだもの、早く開けてくださる～？」

「は……はあ」

なんだか狐（きつね）につままれたような気分になりながらも、エントランスを解錠。しばらくすると、ピンポーン、と、玄関のインターホンの音がした。

「は、はい」

「こんにちは～」

ヒカリが混乱する中、ビッグウェイブのように押し寄せてきた並木プロは、当たり前のように部屋に入ってきて「さて、と」と、室内を見渡した。カーテンを開け、窓を開けたこともあり、部屋はひときわ汚く見えた。

「あ、えと、あの、今、すごい散らかっていて……」

――って、掃除に呼んどいて何言ってるの私。

「あ、あの」

取り繕おうとしているヒカリの言葉を途中で柔らかく遮って、並木プロがこう言った。

「大丈夫ですから!」

ニッコリ笑った並木プロは続けて、力強い声でこう言った。

「もう大丈夫。あなたのままでいていいんですよ。今までひとりで頑張ってきたのよね。よく助けを呼べましたわね!」

「え……」

その言葉を聞いた瞬間、ヒカリの目から大粒の涙がこぼれ落ちた。

——私、誰かに助けてもらいたかったんだ。助けてもらってよかったんだ。

そう思うと、涙が止まらなくなった。

傍らでは並木プロが、玄関をチャチャッと片づけてしまっていた。

◎目醒めた世界で生きる準備を始めよう

並木プロは、手を止めずに、歌うようにこう言ってくれた。

「この部屋は、あなたがあなたに対してつくってしまった心の檻のようなものですわ～。あなたはずっとこの中で、眠りのゲームを味わっていたのね～」

「味わっていたわけじゃないのですが……」

「本当の自分を隠して、表向きだけ素晴らしいクリエイターであり続けようとするのは、それは、本来のあなたではありませんのよ。あなたは目醒めると決めたのです。だから、もう、現実は一気に変わるんですのよ～」

「現実が一気に？　本当ですか？」

「もちろんですわ～。逆に、どれだけ頑張っても、現実が変わらないのであれば、それはまだ、牢獄の夢の周波数から、抜け出せていないということなんですよ～」

そう言うと、並木プロは鼻歌を歌いながら、まるで、魔法のように部屋をあっという間に片づけてしまったのだ。

散らかっていたものたちは一度ふわりと浮いて、自分のいるべき場所へと勝手に

戻っていく。必要がないものは光の粒子になって消えていった。

　ヒカリが何年も片づけられなかった部屋が、みるみる片づいていく。

「ほ〜ら。目を醒ますと、思い描く現実は、あっという間に目の前に現れますからね〜。しばらくは夢みたい、なんて思うかもしれませんが、すぐに慣れますわよ〜」

「い、いや、さすがに現実では本は浮かないと思います。でも、だんだん、どっちでもいいやって思えてきました」

　ものの数分後、ヒカリの目の前には、片づいた部屋があった。

　同時に、ヒカリは得体の知れない不安に襲われていた。

「大丈夫よお〜」

　並木プロがまた、ヒカリの気持ちを読んだかのようにそう言った。

「あなたは、新しい部屋で、自分が望む人生を生きることができますから〜」

「でも、怖いんです。なんか、汚い部屋にいたほうが、安心感があって。こうやって足の踏み場ができると、どうしていいかわからなくて」

「そりゃあそうですよ〜。汚い部屋で苦しむ自分を選んできたんですもの。人間は、新しいことに対して、どれだけ素敵なことだとしても恐怖を感じるもの。だから、少

しずつ慣れて、一歩ずつ大丈夫かどうか確かめながら、進めばいいんでございますよ～」

「一歩ずつ……」

「ええ。これからのあなたに力を与える色を、この部屋に足してみますわね」

並木プロが、魔法のようにハタキを振ると、部屋のカーテンがホワイトゴールドに輝き、革のシングルソファは美しいロイヤルブルーに変わっていた。ピュアホワイトのクッションに、ピンクのベッドカバー。窓にはサンキャッチャーがかかり、差し込む光を虹色にして部屋中に拡散させている。

「あ……この部屋、見たことがある。昨日の夢で、白鳥バッハ……じゃなくて、ガブリエルさんが見せてくれた部屋だ」

「白鳥バッハ？（笑）。そう、本来のあなたの居場所でございますわ。ここで、これからは安心して、思うがままに幸せを感じながら生きていけるのですのよ～。人間は本来、光の存在。それを思い出すには、宇宙とつながっている色の中で生きることですわ」

「でも私、まだ不安で、怖くて」

「そうですわよね。あなたはもう、新しい地球と新しい自分にジャンプしたので、本当は心配はいらないのですが、新しい自分と新しい地球の周波数に、まだ慣れていないのです。これから、あなたの人生が変わっていくためのエクササイズをお伝えしますわね～」

「エクサイズ!?」

「まずは、汚い部屋から脱出して、きれいな部屋で生きていくと決めること。それは、幸せになる覚悟をすることでもありますのよ～」

「覚悟……」

「そして、太陽の光をたくさん浴びて、部屋の中にも光を取り入れること。シャワーを浴びているときは光のシャワーを浴びているってイメージすることですわね。そして、眠るときにゆったりと気持ちよく眠りにつけるようにして、『これからの自分が生きるヒント』が夢に出てくるように、宇宙にお願いすること。それを続けていれば、新しい自分に慣れていけると思いますわ～」

1 この世ゲーム攻略法

まずは空間エネルギーを整える

① 睡眠中に人は宇宙を旅している

部屋が片づかない、仕事が片づかない、人間関係がごちゃついている、いつもトラブルに見舞われる……というとき、これらの原因は、あなたの魂が深い眠りに落ち、地球のこれまでの社会システムや環境に支配され続けていることにあります。

もちろん、地球に人間として生まれたあなたは、社会に魂を支配されることによる心の揺れや苦しみ、悲しみを体験したくて、わざわざそれを選んだわけです。

表現したいことがあるのに苦しい。

軽やかに生きていきたいのに、息苦しい場所で生きている。

ヒカリのように、その葛藤を体験することを選んでやってきた魂が、真の自分に目

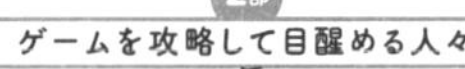

醒めようとするとき、まずできる最初の一歩は、**自分のいる空間のエネルギーを整えていくこと**です。

居心地の悪い部屋で、その日の疲れを持ち込んだまま眠りに落ちると、本来の自分に還（かえ）り、インスピレーションを得る機会を逃してしまいます。そして、朝、目覚めたときから疲れているため、ますます深い眠りとコントロールから身動きがとれなくなっていくのです。これでは当然、目醒めは遠のいてしまいます。

逆に、真に自分の魂が目醒めると、まるで、夢の中が本来の居場所であるかのように、自由に別次元とつながることができるようになります。

別次元……つまり、目醒めたあなたが見る世界にあるのは、夢の中のように、制限のない自由なあり方。なりたいものにはなんにでもなれて、やりたいことはなんでもやれて、行きたいところへはどこにでも行ける、そんなあり方です。それを、愛と調和の中で表現していくことができるようになるのです。

つまり、**夢のほうが、僕たちが現実だと思っている世界より、はるかに真実に近い**ということ。だから、眠りにつくときには、心地よさの中で眠りに落ちることが重要です。

睡眠中はコントロールから抜け出して、潜在意識で宇宙を旅することができますから、「本来の私として生きるヒントをください」と宇宙に問いかけて眠ると、そのヒントが夢を通じてやってきます。そして、あなたの目醒めを促してくれるのです。

ところが、コントロールされた世界で、ガチガチに心を抑え込まれた状態で眠れば、その苦しみをより体験する眠りとなってしまい、夢からインスピレーションを受け取ることができません。

夢から良いヒーリングを得て、エネルギーをチャージし、導いてもらうためには、眠るための環境が大切です。

だからこそ、まずは自分の居場所である部屋を整える。冬至や夏至、春分や秋分など、日本の四季の変わり目に行えば、変化のエネルギーも、あなたを後押ししてくれますよ。

それから、大切なことがもうひとつ。それは、目を覚ましたとき、ゆったりとした気分で、「今日1日をどう生きるか」「どんな気持ちで過ごすか」をイメージすること。「こんなふうになりたい」という自分像や本来の自分に思いを馳(は)せます。

まどろんでいる状態は、宇宙の意識とより一体化していますから、それがそのまま

現実化する方向へとエネルギーを動かします。ウキウキワクワクするような自分を思い描いてニヤニヤしてから、1日を始めるとよいでしょう。

目醒めたい人だけが目醒めていく

自分らしく生きたい。

そう言う人の多くは、魂の深いところで「目醒め」を感じ、目醒めることを決めてそこに向かおうとしています。

これからの地球は、「目醒めると決めた人が行く地球」と、「眠り続けると決めた人が行く地球」とに次元が分かれていきますから、目醒めた人と、目醒めなかった人は、同じ地球にいてもまったく違う次元に存在することになり、交流することも、出会うこともできなくなります。

もちろん、地球にやってきている魂は、輪廻（りんね）転生を繰り返し、さまざまな体験をして最終的にはどの魂も目醒めるのですが、今回のタイミングで目醒めるか、2万6千年後になるのか、さらにもっと先になるのかは、あなた次第です。

もしもあなたが本当に「目を醒ます」と決めたら、地球のネガティブな周波数を手放す必要があります。

地球特有のネガティブな周波数こそが、今までの人生で体験してきたコントロールや思い込み、常識でガチガチになってしまった窮屈な世界をつくり出しています。

「目醒め」は、ある意味で今までの自分の考え方や人生のあり方を手放していくものですから、最初は、不安や恐怖を感じることも少なくありません。でも、今までのエゴ、ネガティブな感情を携えたまま、本来の自分に還ることはできないのです。

だからこそ、目を醒ますのには覚悟がいりますし、今回の地球のアセンションですべての人が目を醒ますわけではありません。まだまだ負の体験をしたい人もいます。まだ怖くて踏み出せない人もいます。そこに、優劣はありません。

ヒカリの話に出てきた映画『マトリックス』は、おそらく、この宇宙の仕組みがわかっている方がつくっていて、僕たちの眠りが明確に描かれています。

本来の僕たちは、すべてにおいて自由で、愛に満ちあふれ、すべての願いは一瞬でかなう、光の存在です。しかし、地球という場所は、魂が苦悩やプロセスを体験するために生み出したテーマパークであり、中に入って体験できる映画でもあるのです。

だからこそ、映画の中にどっぷり登場人物として入り込んでしまうと、それが幻想だと気づくことができません。

では、もしもあなたが、『マトリックス』のように映画の中で生活していたとして、それが夢であり、実は眠っている状態なのだと気づくことはできるのでしょうか？

実は、できるのです。

これは、今回の地球のアセンションで目醒めると決めている魂は、いくら現実を生きていたとしても、今の世界に何かしらの違和感を感じているからです。

「何か違う」「私は変わりたい」「別の違った人生がある気がする」という感覚がまさにそれです。

その感覚こそが道しるべ。本来の真実の自分を現世で体験したいのであれば、強い覚悟を持って「目を醒ます」と自分自身に宣言しましょう。

そうすれば、映画の中で言われるがままにコントロールされるような人生から、好きな映画を自由に見ることができる世界へと移行します。そうすると、自分で自分を主人公にした映画を一から生み出し、理想どおりの人生を歩むことが、当たり前になるのです。

映画を見ているように人生を楽しめるようになれば、恐怖のどん底や悲しみから立ち直れなくなるようなことは起きません。起きていることに一喜一憂せず、安心して、世界を楽しめるようになります。

ネガティブな感情は「敵」ではなく「手放すもの」

闇の世界から光の世界へと移行するとき、助けになってくれるのが、文字どおり「光」の力です。まず、太陽の光を浴び、部屋に多くの光を取り込んでみてください。

ヒカリのように何か月も光を入れていない部屋には、外から持ち帰った負のエネルギーがどんどん溜まってしまい、家にいればいるほどやる気はそがれ、体調は悪くなり、結果的に自分をないがしろにするようになります。負のエネルギーが溜まった部屋にいてはエネルギーの補充ができません。

また、会社に行くたびに疲れる、空気が重たいと感じる場合も、その組織にいる自分に、無理を強いている、つまり支配された状態であると考えてみてください。

だから、家や会社が居心地悪いのであれば、まずは、外に出て太陽の光を浴びるこ

とを習慣づけます。歩いて大地からのエネルギーを受け取り、目醒めのための準備を始めましょう。

ただし、このときに大切なのは、**居心地が悪い状態、ネガティブな思考は、忌むべき敵のようなものではなく「これからはもう体験しなくてもよい感覚」であり、「本来の自分に戻るために手放すもの」**という気持ちでいることです。

「これは手放すべき感覚だよ」と教えてくれているものだと知りましょう。それら、もう不要となった感覚を「外す」方法もこのあとお伝えしていきますね。

◎変化が起き始めると、心が大きく揺れる理由

掃除を終えた並木プロがそそくさと帰ってから2週間。

ヒカリは、教えてもらった方法で、これまでの自分から抜け出そうとしていた。

朝、眠い目をこすりながらカーテンを開けると、窓の東のほうから朝陽が差し込んでくる。

「ああ、私、最近、疲れてない。むしろ、エネルギーが湧いてくるって、こういうことかも」

部屋は、今のところ片づいている。

家に帰るとホッとするから、ヒカリは自宅に帰るのがうれしくなっていた。ピカピカの浴室で光をイメージしたシャワーを浴びると、その日の疲れがスッととれる。バスタイムが楽しくなり、美しい色合いと香りの入浴剤を買ってくるようにもなった。

眠る前にはハーブティを飲むゆとりまで生まれ、これまで、ギスギスしていた気持ちが少しずつほぐれていくのを感じていた。

うっかりするとまた散らかしてしまいそうだったから、しばらくは並木プロのお弟

子さんに月に2回ほど、掃除や収納のアドバイスに来てもらうことにした。人にお願いすることにはまだ抵抗があったが、それよりも、あの汚い部屋には戻りたくないと思うようになっていた。

また、並木プロにさらけ出したからか、「仕事がバリバリできて素敵な部屋に暮らしている自分」を演じなくてもいいと思えるようになり、心がいくぶん楽になっていた。

彼氏の時生からは、2週間前に家に来るのを断ってから、連絡はなかった。部屋も片づいたし、今なら彼を呼んでもいいと思ったが、自分から連絡をする気持ちにはどうしてもなれなかった。

「新しい周波数に自分を合わせようとするときは、強い抵抗が起きますからね」

並木プロがそう言っていた。

そういえば、不思議と自分が少しずつ穏やかになっていることを、ヒカリは感じ始めていた。それにホッとしつつ、一方で、これまでの自分が失われることへの恐怖も感じていた。

――この感覚、しつこいなあ。「強気でいかないと、勝ち続けないと、夢がかなわない」……この感覚、ずっと私の中に居座ってる。

◎「隙間」と「不安」はチャンスを連れてくる

そんな折、ヒカリに、思いがけないチャンスが舞い降りてきた。雑誌のインタビューで、日本で個展を開催する予定のイギリス人写真家オリバー・グリーンのポートレートを撮影する仕事だった。

本当なら、先輩フォトグラファーが受け持つ案件だが、なぜか、グリーンは若手フォトグラファーを指定してきたという。日頃から、グリーンを尊敬していることを話していたこともあって、ヒカリに白羽の矢が立ったのだ。

グリーンはヒカリがカメラを持つきっかけになった人物だ。

肉眼で見ていても見えない世界や人の表情を、ファインダーを通じて見て、写しているような、独特な世界観で人を魅了する。ヒカリはグリーンの写真を見ていると、まるで、その奥に別の世界が広がっているような気がしてくる。

高校2年のときに、たまたま立ち寄ったグリーンの個展でその写真に釘づけになったヒカリは、写真の奥にある別世界に想(おも)いを馳せた。自分もその世界を写したいと思ったのだ。

――まさか、彼を私が撮影する日が来るなんて。それも、こんなタイミングで。

当日は予定より2時間も早くスタジオ入りし、入念に準備をし、イメージを膨らませた。

そして、そのときはやってきた。出版社の地下につくられた撮影スタジオは、多くの芸能人らの撮影も行われており、駐車場から人に会わずにスタジオ入りできる動線が敷かれている。なかなかに緊張感のある空気だ。

「ハーイ！　オリバー・並木・グリーンでーす！」

陽気な第一声で現れたその人は、

「どうも――！　今日はよろしくお願いしまーす！」

——あれ？　グリーンさん、こ、こんな顔だったっけ？　あれ？　ミドルネーム「並木」って……日系だったっけ？　日本語、こんなに流暢だったっけ？　あれ？　あの顔、どこかで見てる？

　ヒカリはまた、夢を見ているかのような感覚になった。なんだか、今まで知っている世界とはほんの少し違う世界にいるような不思議な気分になっていた。

　撮影が始まった。

　雑誌の記事に使用するカットと、ポートレートの撮影だ。ヒカリはいつもの強気なテキパキとした対応ではなく、緊張ぎみだった。

　編集者がインタビューを進めていく。

「グリーンさん、あなたの写真は、風景はまるでこの地球上ではない世界を切り取ったように見えます。人物は目の奥に深い光のようなものを感じるのです」

——編集者さん、いいところ見てるなあ。

「私が撮影しているのは、宇宙そのものですよ」

　グリーンの回答を聞いて、ヒカリは思わず声をあげそうになった。いや、心の中では「う、宇宙!?」と叫んでいた。

グリーンはヒカリのほうを見ながら、こう言った。

「私たちが住んでいる地球は宇宙の一部です。数年前から地球は次元上昇を始めていますから、そのリズムに波長が合っていれば、映し出したい世界は自然とカメラに写るようになります。なぜなら、自分の外の世界を撮影しているのではなくて、見たい世界をフィルムに焼きつけているのですからね」

そう言いながら、グリーンはヒカリにウインクをした。

ヒカリはその姿を見て、「まるで魔法使いみたいな人だな」と思った。

◎自分の外にはもう、振り回されずに生きる

その日、ヒカリはグリーンから食事に誘われた。

グリーンが「ぜひヒカリが撮影した写真を見せてくださいね」と言ってくれたので、iPadを持って待ち合わせのレストランに向かった。

そこは、三つ星のフレンチレストランだった。

「こんな素敵なお店にお招きいただくなんて」と、恐縮するヒカリに、グリーンはワ

イングラスを片手にこう答えた。

「自分を丁寧に扱い、心地良い空間に身を置き、心からおいしいと思えるものを食べることが、表現をしていく上でとても大事なんですよ。きっと、今日あなたは私に尋ねたいことがありますよね。だから、ゆっくりお食事しながら良い空間で丁寧にお話をしましょう」

グリーンのその言葉に、心が緩むのを感じた。

——良い写真を撮ること、良い仕事をすること、負けないことに必死で、自分を丁寧に扱ったり、良い空間に身を置いたりなんてこと、考える余裕もなかったな。

グリーンとの時間は、ギスギスしていたヒカリの心を解き放つかのようだった。何かに追われているような気持ちから抜け出して、ただ単に、どんな写真をこの世に生み出したいのかだけを語っていた。

「私にしか撮影できないものを、撮影したいんですけど、なかなか」

おずおずと語るヒカリに、グリーンはニコニコしながらこう言った。

「ノーノー、いつもの威勢のよさはどこに行ったんですか?」

「え？　いつもの私?」

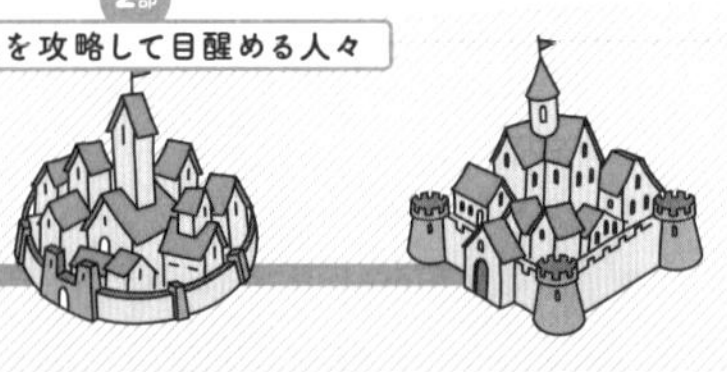

「まあ、細かいことはいいんです。で、写真のことですけども」

「はい」

「まず、あなただけにしか撮れない写真は必ずありますし、撮れます。でも、先ほどのインタビューでも言いましたが、あなたのこれまでの世界にあるものを撮影しようと思っても、それは撮影できないのです。この感覚、わかりますか？」

「うーん、ファインダーを通じて見える別の世界があることは、感覚的にわかるのですが」

「その感覚はとても大事なものですよ。ヒカリは目醒めると決めているから、その世界が見えているのですね。実は、その先があるんです」

「その先？」

「イエス。自分をがんじがらめにしていた支配的な世界から抜け出して、目を醒ますと決めた人は、自分が自分の宇宙の創造主となるんです。映画の中の主人公が、映画から抜け出して、それが映画だと気づく。そして、自分の映画の監督になるわけです。自分が映画の中に入り込んでいると、それが自分の世界だと思い込んでしまいます。でも、そこから抜け出せば、好きな映画を自分でつくり出すことができます。だから、

願いはかなうし、見える世界が変わってくる。望むものは、なんだって、生み出せるようになるんです」

「生み出す……」

「イッエース！　それこそが、本当のクリエイティビティですし、芸術ですね。ときおり、この世のものとは思えない作品を生み出す人がいますが、それは、この世にあるものから生み出しているのではなくて、もっと広い、宇宙からインスピレーションを得て、生み出しているのです。僕の写真もそうです。僕は、地球上にあるものを撮影しているのではなく、目醒めた世界を人々に見せたくて、その世界を写真の上につくり出しているんですよ」

「写すのではなくて、つくり出す。でもそれって、誰にでもできることじゃないですよね」

「オー・マイ・グッドネス！」

グリーンはすっとんきょうな声を出して目をまん丸にして驚いた。その様子にヒカリも驚いて、「え？　違うんですか!?」と尋ねた。

「誰が決めたんでしょう、それ」

「え、誰が決めたって……才能とか能力ってそういうものかと」

「ノーノー！　ヒカリが勝手に決めているだけ。アートやクリエイティビティに限らず、才能は、本当の自分に目を醒ましているかどうか、それによって開花するんですよ。目を醒ましていれば、私にできることは、誰にだってできます」

「ええええ!?」

「人間は、『できない』『無理』という言葉を使いがち。でも、たとえば、イエス・キリストはたくさんの奇跡を起こしてきたけれど、僕たちに向かってこう言ったんですよ。『神の子であることを思い出しさえすれば、誰にでもできる』と。要するに、これまでの地球でできなかったことに囚われると、もちろん、できないことだらけですが、すべてを自分が創造しているのだということを思い出すだけで、目の前に生み出すことができるってことですね」

グリーンは、まるで、キリストのことを知っているかのようにそう言った。

「ということは、どんな写真でも、望めば撮影できる？」

「逆ですよ、逆。何を撮影するかではなくて、何を映し出したいか。見えているものを探して写すのではなく、写したい世界をつくり出すんです」

ヒカリにとってそれは考えたこともない発想だった。

でも、なぜか突飛な話だという気がしないのは、ここ1か月の間に起きた出来事のせいだろうか。多くのクリエイターやアーティストが、この世のものとは思えない創造的な作品を生み出しているのは、この本質に気づいていたからなのかもしれない。

ヒカリはそう思った。

「どうやったら、自分が自分の世界を生み出しているのだとリアルに感じることができるんでしょうか？」

「ヒカリは、その一歩を踏み出しているでしょう？　部屋もきれいになったことだし」

「え!?　なんで知ってるんですか？」

「だから、細かいことは気にせず。さらに本来の自分に目醒める方法を、教えてあげましょう。それは、次元上昇し始めた地球の波動と、自分の波動を同調させ、一緒に次元上昇していくことです。オーケー？」

地球の周波数を感じる練習

① 上昇している地球の波動を感じ取り、同調する

僕たちがこれまで感じてきた「限界」や「制限」。これらは、今までの地球で、眠っていたからこそ体験できたことです。これまでの地球は、人々が苦悩や悲しみ、不可能を体験するために宇宙から「分離」して生み出された世界でした。

ところが、地球は「目醒める」ことを決めました。

時を同じくして、地球人として今生きている僕たちは、生きながらにして地球と共に次元上昇し、宇宙と一体になるか、または、これまでの地球にとどまり次の目醒めのタイミングを待つか、その選択を迫られているのです。

もしも、あなたがこれから、自由に、自分らしく軽やかに生きていきたいと願うな

ら、地球の次元上昇に足並みを合わせていくことが必要です。足並みを合わせるとは、地球の波動と同調していくこと。

あなたが現在、地球とどのくらい同調しているか。それを知ることができるワークがありますのでやってみましょう。

・地球との同調率を感じるワーク

まず、イスに深く腰かけて力を抜いて座ります。このとき、両足がしっかりと床につくようにしましょう。そして、軽く目を閉じて、深呼吸をしながら、砂浜や森の中、川辺など、自然の中に立っている自分をイメージしてみてください。

森にいる人は鳥の鳴き声や、木々のそよぐ音、香りを感じてみてください。

砂浜にいる人は、波の音や砂の感触を感じてみましょう。

やがて、自分の足元に、跳ね上げ式の扉が見えてきます。取手に手をかけて引き、ドアを開けてください。すると、下に降りていく螺旋(らせん)の階段が現れますので、1歩ずつ降りていきます。このとき、イメージ上の動物が、先導してくれることもあります。

一番下まで降りると、目の前にクリスタルでできた透明なエレベーターの扉が現れ

ます。扉の前に立つとそのドアが開きますので、乗り込んで「降」のボタンを押してください。すると、一気に加速して下降し、あなたは、地球の中心にたどり着きます。中心にたどり着くと、ドアが開き、目の前には開けた時空間が現れます。

地球の中心であるにもかかわらず、そこには、自然豊かな光景が広がっています。ある人には草原であったり、ある人には森の中であったりするかもしれません。色鮮やかな鳥や蝶が舞い、そよぐ風や木々の香りがあなたを出迎えてくれるでしょう。

あたりを見回してみてください。そこに、クリスタルでできたイスが見えてきます。そのイスに座ってみてください。しっとりと体にフィットする座り心地抜群のそのイスには、シートベルトがあります。それを締めてみてください。

これは、あなたと地球の波動をつなぐためのシートベルトです。

次元上昇していく地球の波動に、あなた自身も乗っていくためのベルトです。

このシートベルトを装着すると、目の前に光り輝く立体の箱が現れます。箱は、上下2段に分かれ、デジタル時計のように2つの数値を表しています。上の段にはいつも100という数字が示され、下の数値は常に変動していることに気づくでしょう。

これは、地球の次元上昇の波とのシンクロ率を表しています。

上の１００という数値は地球そのものを表し、次元上昇するエネルギーとの同調率が１００％であることを示しています。一方で、下の段の数値はあなたが地球の次元上昇の波にどのくらい同調しているかを表しています。

さあ、この下の段には何％と示されているでしょうか。１００の数値が見えた人（感じた、でも大丈夫です）は、少しの間体の力を抜いてリラックスし、ゆっくりと目を開けて、地球の波動を感じてみてください。

あなたは地球と同調するシートベルトを身につけているので、これからは自然と地球の次元上昇に合わせて行動することができます。それはとても自由な状態で、いつも心地よい自然の中で自由に駆け回るようなイメージです。

一方、28、67、というように１００ではない数字が見えた人は、そのままリラックスして深呼吸を続けましょう。

そして、地球の意識に自分の意識を合わせようとしてみてください。地球の鼓動、地球の呼吸のリズムを感じます。このとき、ちゃんと同調できているのか、と、心配する必要はありません。

できる範囲でかまいませんので、地球の呼吸に、自らの呼吸を合わせます。

ゆっくり呼吸していくうちに、目の前のウィンドウに示されていた数値が少しずつ上昇していきますから、100になるまで続けてください。100になったと感じられるところで、さらに、地球の中心にいる心地よさに身をゆだねます。

自分のタイミングで目を開けましょう。

自分が光の存在であることを意識する

地球との同調率を感じるワークをやってみて、いかがでしたか？

次元上昇していく地球で生きるということは、宇宙とひとつになっていくこと。

それは、「光」と一体化することでもあります。

この地球の次元上昇と一緒に、自分のステージを変え、自分らしく、ありのままで幸せに生きていきたいのであれば、自分自身も「光の存在」として宇宙とひとつになっていく必要があります。

自分が普段過ごす場所、つまり自分の部屋や職場に光を取り込むようにしましょう。

具体的には、サンキャッチャーや鏡などを置いて、部屋の中に光を取り込むようにします。また、部屋の色にゴールドやシルバー、ロイヤルブルーなど、宇宙と同調する色を取り入れて、地球の次元上昇の波に自分を一致させていきましょう。

また、シャワーを浴びることも、心身に溜まったネガティブなエネルギーを洗い流し、浄化を促すことにつながります。

シャワーヘッドから光の粒子があふれ出るイメージをしながら、全身を光で洗い流

します。これまでの地球でまとっていたネガティブな周波数、たとえば苦しみや不安、悲しみは、光のシャワーによって洗い流され、代わりに降り注ぐ光で体内が満たされていくのを感じてください。

さらに、キラキラと輝くものをお守りとして身につけることで、日常生活の中にある闇を取り込むことを防ぐこともできます。たとえば、僕が最近身につけているのは天然石に色を加えて加工されたペンダントネックレス。カナダで購入したものです。

光り輝くものを選ぶとき、それが自分の波動に合っているか否かは、それを手に取り、目を閉じて身に着けている自分をイメージするとわかります。次々とポジティブなイメージが浮かぶなら、自分の波動に合っているし、ネガティブなイメージが湧くなら、自分には合っていないということ。目を閉じることで、自分の感覚を研ぎ澄ませることができます。

日常的に自分の波動に合った輝くものを身につけることで、「自分は光り輝く存在であり、地球と一緒に輝きを増している」というイメージを描くようにしましょう。

最初は意識しながら行ってください。そのうち自然と、自分が光そのものであることを実感できるようになっていきます。

自分自身が光であることを思い出す。

その過程では、心の闇が浮き上がってくるように感じることもあるでしょう。**光が強いほど濃い影ができるように、光を強く感じられるようになると同時に、自分の中の闇も感じるようになります。**でも、心配する必要はありません。

闇は「悪」ではありません。

なぜならそれは、次元上昇する前の地球に存在したもの。僕たちが地球で体験したかったネガティブなエネルギーであって、以前は僕たちが地球に来る目的そのものだったからです。

そう、眠っているときには必要だった。でも目醒めると決めた今は必要ではない。

ただ、それだけのことです。

これまでの自分には必要なものだったことを否定せずに、ただ、手放す。

それができたとき、闇も光となってまたあなたの一部として生きていくことができます。

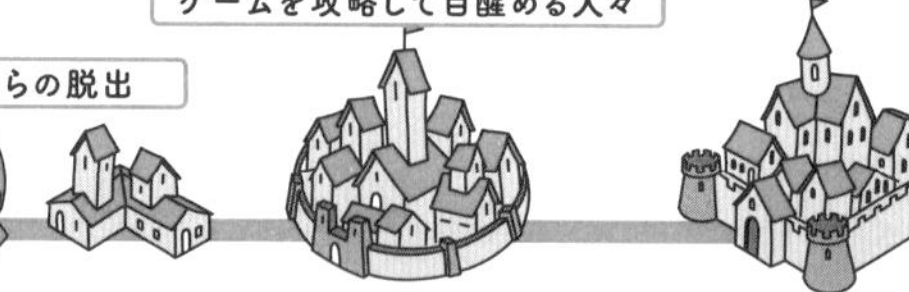

◎表現したいことが、自由に表現できるようになる

その日、グリーンと写真についてたくさん話したあと、自宅に帰り、ヒカリはグリーンに教わった方法で地球との同調率を感じてみた。

うまくイメージの世界に入り込めたのかどうかはわからないが、自分の感覚では、地球との同調率は58%だった。呼吸を繰り返してそれを100%にしたところでワークを終えて、お風呂に入った。

――まあ、それが正確なのか、自分の思い込みなのかは、考えなくてもいいってグリーンさんも言ってたしな。

実際、ワークがうまくいっているのかどうかはわからなかった。

数値は採点ではなく、あくまでも「ただの今の状態である」とも言っていたから、それについて深くは考えないようにした。

1日に浴びた負のエネルギーを、光のエネルギーで洗い流すイメージをしながらシャワーを浴び、光の水で満たされた湯船に浸かる。光のイメージに自分を包むだけでも、なんだか自分を大切に扱っているような気がしてきて、涙がこぼれた。

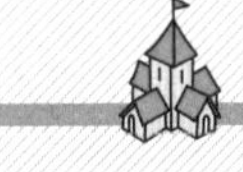

——こんなふうにゆったりした気持ちになれたのはいつぶりだろう。

少なくとも、社会人になってからの2年間は皆無だったように思える。

いい写真を撮らなくてはならない、失敗してはならない、という負のエネルギーにコントロールされていたことに、ヒカリは気づいた。

——もしかすると、汚い部屋に住み続けていたのは、抜け出したくても抜け出せない、もがく自分の負のエネルギーの象徴だったのかもしれないなあ。きれいな部屋になって、不安が湧き上がったのは、それが自分らしいと思っていたからなのかも。

そんなことを考えながら、眠る前のひとときを過ごす。

以前のヒカリは、疲れ果てた体で家に帰ると服も着替えず、メイクも落とさずに寝てしまうこともたびたびだった。

しかし今では、片づいた部屋で、ハーブティを飲みながら、お気に入りのソファに腰かけて、水の音や鳥の鳴き声などのヒーリングミュージックを聴きながら、「私は目醒める」と宣言する。

そんな過ごし方が、少しずつ生活になじんできているところだった。

仕事にも「目醒めの兆し」を感じていた。グリーンに会えたこともその合図のよう

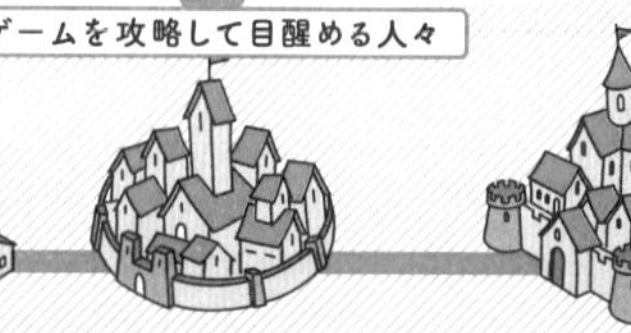

に思えたし、撮影でも、完璧さや正解以上に、撮影現場や被写体が持つ空気感や世界観を大事にしたいという気持ちが生まれていた。

――私に足りなかったのは、何を写すか、という、自分の中の指針だったのかも。

そう思う一方で、捨てきれない感覚も持ち合わせていた。

――この、負けたくないという強い気持ち。男性に挑んでしまう感覚は、なんだか、強くなっているような気がする。そういえば、グリーンさんが今日言っていたっけ。

「光が強くなれば闇も強く感じる」って。

ヒカリにとって今まで、自分の問題は汚い部屋とそれを隠そうとする心にあり、それによって彼氏ともうまくいかないのだと思っていたが、部屋がきれいになってみると、上辺の問題の奥にある、より本質的な闇が浮かんできているように思えた。

そのとき、ふと、天使ガブリエルの姿が思い浮かんだ。

――そうだ、あれから全然夢に出てきていないけれど、彼なら私に何か、教えてくれるかもしれない。

そう思いながら、ヒカリは眠りについた。

◎目醒めれば、夢と現実が逆転していく

目が覚めると、ヒカリは暗い部屋の中にいた。

「朝か……」

ベッドから起き上がると遮光カーテンを開け、窓を開ける。

すると、光の粒子が窓から差し込んで、爽やかな風を運んでくる。

と同時に、部屋の中で音楽が流れ始めた。オルガンの音。バッハが作曲し、まだヒカリが生まれるずっと前に宇宙に向けて打ち上げられた無人惑星探査機ボイジャーに搭載されたレコードに「地球の音」として収められた曲だった。

「この曲、どこから？」

部屋のほうを振り返ると、まさにバッハ……ではなく大天使ガブリエルが部屋の真ん中にふわふわと浮かんでいた。

「やあ、やっと、僕のことを思い出してくれましたね」

「あ、あれ？　まだ夢？　いや、ちょっと待って。こんなにリアルな夢ある？」

ヒカリは慌てて頬をつねり、まるでコントのように「いててて」と言いながら、手

を離した。

最近は、夢が現実のようで、現実が夢のような感覚になることが多い。グリーンに会えたことも、グリーンがヒカリの身に起きていることを知っていたことも、スピリチュアルなワークを教えてくれたことも、ある意味、現実的ではないように思える。

「まあ、今までの地球では、起きているときが夢の中で、眠っているときがより自分の魂に近づいて〝起きている〟ときだったわけですから、目を醒ますと決めた人から、現実がドラマのように、夢のように感じるようになりますね。でも、徐々に慣れてくると、現実を自分で自由につくりあげていくことができますから」

ガブリエルはそう言いながらニコニコしている。

「で、私に用事があって夢の中に呼び出したのでしょう？　さあ、どうぞ、聞きたいことを、聞いてください。さあ、さあ！」

ズイズイと迫ってくるガブリエルにあとずさりしながらヒカリはこう言った。

「ここ最近、どんどん自分がクリアになって、軽やかになっていくんだけど、一方で、どうしても手放せない重荷を感じるの。ひとりで戦っていかないといけないという感覚があって。その重さを感じると、本来気持ちよくできるはずのことも、重く、暗く、

自分には無理な気がしてきて。でも、負けてはいけない、間違えてはいけない、という思いが湧いてきて、自分を苦しめるんだ」

そう伝えただけで、ヒカリは、胸の奥をつかまれるような重さを感じて苦しくなった。

ガブリエルは、その様子を見てうなずき、「じゃあ、ヒカリさんがこの地球で何を体験したかったのかを、見せてあげますね」と言った。

◎目醒め、輪廻転生した意味を知ると、使命が見えてくる

気づくと、ヒカリは赤い川のほとりに座っていた。

古代オリエントだと感覚でわかる。ヒカリは、まだ若い青年だった。

日差しは強いが、からりとした空気のおかげか、いくぶん過ごしやすい。手元を見ると、羊皮紙と葦(あし)ペン。紙の上には描きかけの風景画があった。

——ああ、そうだ。僕は、外に出られない病気の母親と妹のために、世界の美しい景色を絵に描いて、持ち帰ろうと思っていたんだった。

やがて、絵描きの技術を認められた青年は、神官の言葉を絵と文字で残す書記官の役割を与えられ、母と妹と遠く離れて都で暮らすことに。仕事がないときは、都の様子や美しい風景を描き、いずれ故郷へ持ち帰る日を楽しみにしていたのだ。

ところが、事件が起きた。王の失脚を狙う裏切り者によって、神官の言葉がねじ曲げられて伝えられ、それを知った王は真実を知らぬまま、神官を処刑。青年はその片棒を担いだとして、塔に幽閉されたのだ。

来る日も来る日も、青年は、神官の無実と自らの無実を伝え続けたが、誰も耳を傾けてくれなかった。やがて体は弱っていき、死ぬ間際に、自分が見た美しい景色を、母と妹に見せられなかったことを後悔しながら目を閉じたのだった。

「真実を伝えたい。世界の美しさを見せたかった」

その強い思いを抱えたまま、息絶えた頰には涙が光っていた。

そこでヒカリは目を覚ました。というより、意識が戻ってきたというべきか。

部屋にはバッハの曲が流れている。

「どうでしたか？」

目の前にはガブリエルが浮いていて、穏やかな顔でこちらを眺めていた。

「どうって……」

　気づくと、涙が頬を伝っていた。

「ヒカリさんの魂は、ずっと、これを繰り返し体験していたわけです。地球にやってくる魂は、苦悩や苦難を求め、何かを克服し、満足感を得るという体験をします。本来は、それが成功してひとつの人生でストーリーが完結し、満足して宇宙に帰れたらいいのですが、人間は、深く眠りすぎてしまいました。ですから、生まれ変わるたびに苦難を持ち越し、チャレンジし、失敗して……を繰り返してきたのです」

「繰り返し？」

「そう、あなたは、支配されることから抜け出して、自分の手で真実を伝えようとカメラを持った。過去世の課題があるから周囲を信頼することもできないし、誰かに助けを求めることもできない。特に男性に対しては自然と怒りが湧いてしまうでしょう？」

「それが私の課題？」

「そのようですね。それに、カメラを持ったもうひとつの理由として、美しい世界を過去世の母と妹に見せたかったというのもあるようです」

　そこでヒカリはあることに気づいた。

「私の母は幼いころは病を抱えていて、年の離れた弟は発達障害です。父は単身赴任で東京にいますが、忙しくて私とはほとんど会うこともありません。私は母とは折り合いが悪くて、東京に出てきてからはほとんど実家には帰っていません。ただ、子どものころは、入院している母のために、花の絵をスケッチしたり、森の絵を描いて持っていったりしていたのを覚えています。それに、弟には広い世界を見せてあげたいから、いつか、私が個展を開けるような写真家になったら、一緒に世界を回りたいって思っていました」

さらに、父親に対しての怒りについても思い出していた。母が病気がちなのに、単身赴任が多くてそばにいない父親に怒りを抱え、ゆるせないと思っていたのだ。

「そう、今世でもあなたは繰り返し、課題にチャレンジしてきたわけですね。本来仲間である同僚たちにも隙は見せられないし、負けてはならないと思っているのも、当時と同じですね。誰が裏切り者かわからないから、いつも気をゆるせない。真実を伝えなくてはならないと思いながらシャッターを切っているにもかかわらず、伝わらないのではないか、と自分の無力さを感じていたのです。あなたは、今も、青年だった彼のまま、彼に寄り添い、彼と同じ生き方をしようとしていますが、この映画はもう

完結させてもよいのではないですか？」

「映画？　完結させる？」

「そうです。苦悩や苦労を、もう体験し尽くしました。体験したかったことを、体験できたのだから、ハッピーエンドです。これでハッピーエンドなのだ、とこの映画はもうここで終わらせて、次の映画を選んでもよいのだということです」

「ハッピーエンド……」

「きれいな部屋で過ごすことを、自分にゆるしてあげてください。シャワーを浴びるとき、黄金の水があなたの中から過去の悲しい記憶、現世のつらい思い出を洗い流していくイメージをしてみてください。そして何よりも『目醒める』と覚悟し続けて」

そう言うとガブリエルの姿は消えてしまった。

◎本当の自分に目醒めたら、世界は望むとおりに創造できる

変化はすぐに起きた。

それはまさに、別の映画を目の前に映しているようだった。

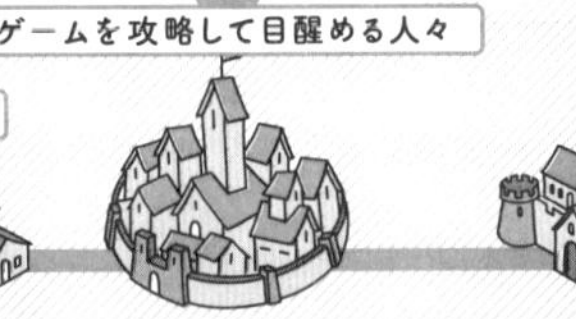

毎日、光の差し込むすがすがしい朝を迎え、エネルギー満タンで撮影現場に出かけていく。職場でも「それ私にやらせてください！」とデスクに詰め寄ることもなくなり、なぜだか日々おおらかな気持ちで自分の仕事に向かうことができた。

――私にとって大切なのは本質を写すこと。真実を伝えること。大切な人にファインダーに映る美しい世界を見せること。

そう、自分が何を撮影したかったのか、使命についても思い出していた。

それを考えるのが何よりもワクワクする今、ヒカリにとって「良い写真を撮ること」「正しく評価されること」が目的ではなくなった。ヒカリは、外部からの刺激にはまったく反応しなくなっていた。ひとつひとつの仕事への準備に熱中し、イメージを膨らませ、本質をとらえたいという思いに駆られていた。

ヒカリが撮影する写真も変わり始めた。誰かと協力して作品を生み出すことに興味が湧き、先輩フォトグラファーに指導を仰ぎ、素直に吸収するようになった。自然と、デスクや先輩たち、掲載された写真を見た人からの評価が上がっていった。

ヒカリは、「目を醒ます」という決意を日々強くしていった。

毎日、光のシャワーでネガティブなエネルギーを落とし、心地よい音楽を聴き、地

球の上昇する波動に同調するワークをする。

さらに、眠りの質の向上に努め、夢の世界からメッセージを受け取り、目が覚めたときにはそれを思い出し、印象に残った言葉を簡単にメモするようになった。眠る前にアドバイスを求めて眠ると、夢の中にガブリエルが現れて、助言してくれることもあった。

相変わらず並木プロからときおり掃除のアドバイスをもらい、グリーンとはオンラインで話すこともあった。

——すべての人が、夢でも現実でも、私の味方になってくれている。

そう感じられるようになっていた。

もはや、夢の中も現実も、ヒカリには別物ではなくなっていて、夢はどんどんリアルさを増していき、現実の世界は夢のように思い描く世界へと変わっていく。

「さぁ、私はこの世で何を写真に残していこうか」——そんな思いに集中できるようになったとき、ヒカリの中には、強い思いが生まれていた。

——目醒めたい人たちが、目醒めるきっかけになる風景や、目醒めた人の強い光を写真にして広く伝えたい。

いずれ、個展を開催し、母と弟を呼びたいとヒカリは思った。

――そうだ。時生にも、連絡してみなくっちゃな。

「私は光(ヒカリ)だ。私の人生は光り輝いている」

ヒカリの心は晴れやかで、まるで光で満たされているようだった。

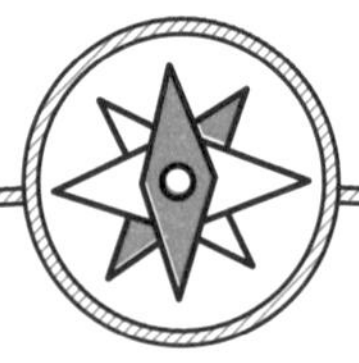

第2話

「無価値感の檻」を壊せ

◎「どうせ私はダメ」という「無価値感」の檻

「もう、だからさ、派遣だからって、手を抜かずにきちんと仕事してくれる？」

月曜日の朝。

今日もまたミクは上司の前に立っていた。

派遣社員として働くミクは、仕事への意欲がいまいち湧いてこない。ミクが働く会社での派遣社員への待遇はけっして良いものではなく、同年代の正社員との間には見えない壁があった。

ただひとつ、心に湧き上がってくる思いがあった。

――これは、自分が望む現実ではないし、なぜか、リアルな自分の人生だと思えない。

いつか必ず、未来が切り開ける日が来る。

これが、ミクの目醒め（めざめ）を意味していた。

とはいえ、人生の起爆剤は見つからず、こうして毎日パワハラの対象になってきた。

ミクが叱られることによって他の派遣社員がホッとしているのもわかっていたから、ミクには、もはやそれが自分の役割ようにも感じられた。

――そういえば、元バリキャリの女性が紆余曲折あって派遣社員になるドラマがあったっけ。どんな業務もパーフェクトにこなし、さまざまな資格を取得して、会社の危機を救って3か月で去る……。たしか、決めゼリフは「私を雇って後悔はさせません」だったかな。変なキャラなのにモテモテで。

現実はというと、ドラマと同じように派遣がいかんなく能力を発揮したところで、大きな評価はなされず、扱いはぞんざいなまま。

目の前の上司も、明らかに派遣を下に見ているし、そもそもミク自身が自分に対しての希望を失っている。そんなミクにとって、上司のこの扱いはミクがミクの人生に対して感じている「自分へのダメ出し」そのもののようだった。

◎目醒めのサインは突然やってくる

――今日のお説教は長いな……

そう思いながら、ふと窓に目をやると、窓の外を羽の生えたシカが右から左へと横切り、戻ってきたかと思うと窓にへばりついた。

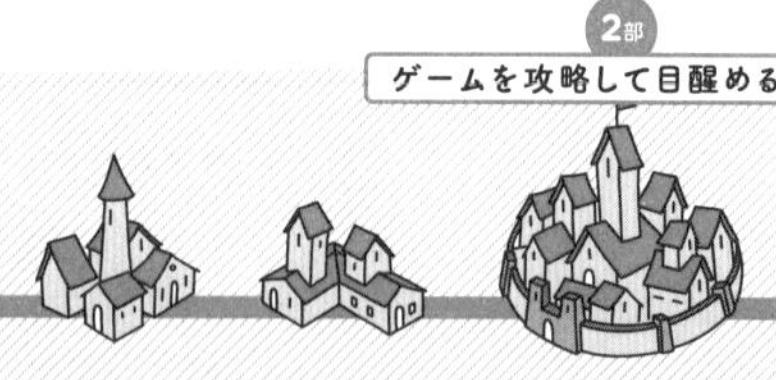

「え……」

「羽の生えたメガネのシカって!?……えええええ!?」

思わず、声を上げてしまったミクに、フロアで働いていた人たち皆が注目した。ミクの声に一番驚いたのは上司だ。

「は?」

上司が、ポカンとしてミクを見ているが、ミクはミクで鳩(はと)が豆鉄砲を食ったような顔をして固まってしまっていた。

そのシカは、窓の外からまるでホラー映画のようにガラスを通り抜けて入ってこよ

うとしている。

「ひ……」

——げ、幻覚？　私、ついに頭がおかしくなった？

「お、おい、君、どうしたんだ」

と、上司が引きぎみに声をかける。

「いや、あの、あれ、あれが！　あの、小難しそうな顔のシカが！」

と窓を指さすミク。上司が指さされたほうを見て怪訝そうな顔をする。

「シカ？」

どうやら上司にも、他の人たちにも見えていないようだった。

シカはそのままガラスを通って中に入ってこようとしているが、ツノだけがガラスに引っかかってうまく入ってこられないようだ。

「ちょ……プ、ぷは、ははは」

思わず笑ってしまうミク。その様子を見た上司は呆れた顔をして「君、大丈夫か？　もういいから仕事に戻りなさい」と言って去ってしまった。

——しまった。

そう思ったものの、あとの祭り。

改めて窓の外を見ると、もう日が高くなっていた。


昼休み、いつものように屋上でお弁当を広げる。

人が苦手なミクのランチタイムは、いつもひとりだ。

昨晩の夕飯の残りを詰めた、質素なお弁当も毎日のこと。

けれど、やっぱりなぜか湧いてくるあの思いがあった。

――これは、自分が望む現実ではないし、なぜか、リアルな自分の人生だと思えない。

「そうですね、目を醒ますって決められているので、現実世界のほうがもう、リアルだなんて、思えませんよね」

突然声がした。なんだか、知的な声だ。

そこには、さっきのシカがいて、空をカポカポ歩いている。

シカはミクのそばまで降りてきてベンチに座り、隣でお弁当を広げようとしているではないか。

「え……、シカ？　いや、トナカイ？　どっち？」

「そろそろ、目を醒ましてもよろしいのでは？」

とシカがしゃべりだしたではないか。

「ちょ……また、幻覚が」

「幻覚などではありませんよ。私はウリエル。知恵を授けるアークエンジェル、大天使です」

「え！　大天使？　で、シカ？　いや幻覚にもほどがある」

「幻覚などではありません。ほら、ちゃんと、羽もありますし」

ウリエルと名乗るシカが羽をひらひらとさせる。知恵の天使というだけあって、四角いフレームのメガネをかけている。真面目そうな印象だ。

――服の上からどうやって羽が生えているんだろう。

と、余計なことを考えてしまいながら、ミクは、目の前の知的なシカを見つめた。

「ゆ、夢見てるんですかね、私。現実逃避でしょうか」

「夢ではありません。でも、ミクの現実は、実は夢の中にいるようなものなんですけどね」

「は？　何言ってるんですか？　で、なんで私の名前……とりあえず、お帰りいただ

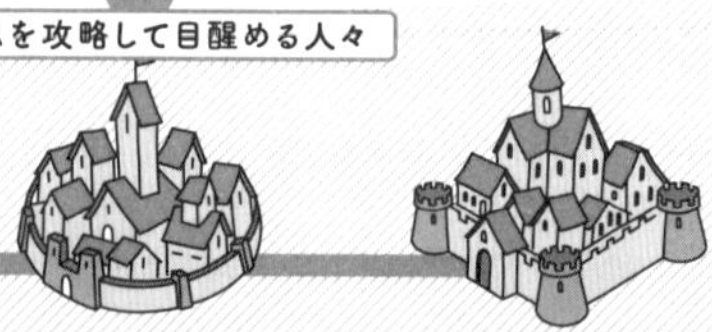

けます?」

「いいえ、まだ来たばかりですから、帰れません」

「え、なんでですか?」

「だって、ミク、久しぶりに笑いましたよね」

「は? 笑ったって……あ、あの、さっきの引っかかってたツノ? あれ、どうしてくれるんですか! 私きっと、会社の人みんなに頭おかしくなったと思われたし、あとで上司に怒られるかもしれないじゃないですか!」

「最近、笑いさえしていなかったのに、笑いましたよね」

「え……まあ、確かに。でも、それが何か?」

「なかったことが起きるってことは、目醒めのタイミングなのです」

「め、目醒め?」

「ずっと、今の人生を変えたいって、思ってこられたのでしょう? でも、無理だって思っていましたよね。ミクは、『自分がぞんざいに扱われる眠りのゲーム』をしに来たわけですが、もうそろそろ目を醒ましてもいいのではないでしょうかね」

「どういうことですか? 私が好きでぞんざいに扱われてきたとでも?」

「そのとおりですね。それを体験したかったわけですから」

「そ、そんなわけないでしょう？　誰が好きこのんで……」

ミクはそこまで言って口をつぐんだ。

我慢してあきらめ続けた自分の人生を、振り返りたくなかったのだ。

その様子を見ていたウリエルが、ニッコリ笑ってこう言った。

「目を醒ますと決めれば、その瞬間、違う未来が開けますよ」

「違う未来？」

その言葉を聞いただけで、ミクは目眩（めまい）がした。目眩を通り越して倒れそうだった。

ミクが自分の未来に期待していたのはもうとっくに昔のことなのだ。そして未来に絶望したのもずっと昔の話。

これから新しい未来がやってくるなんて、ミクにはとてもではないが、考えがたいことだった。

「では、お見せしますよ。宇宙に存在する、無数のミクの姿を」

◎理想を生きている自分も、「存在」している

気がつくとミクは、今の会社とは違う、でも大きな会社のフロアであろうスペースに立っていた。そこは、外国人の多いオフィスのようだ。

「あ……」

ミクの横を通り過ぎたのは、ミクだ。

あちらからは、こちらの姿は見えないらしい。

ブルーのワンピースに、長い髪をカールさせて、見た目も雰囲気も、まったく別人のよう。英語を使いこなして、同僚やクライアントとやりとりし、颯爽(さっそう)とした足取りで会議室へと入っていった。

「これは、高校での留学のときに英語と異文化に魅了された、別の未来を生きるミクの姿ですよ」

耳元でウリエルの声がした。

イキイキと働きながら、同僚から笑顔で迎えられる外資系の企業で働くミク。会議が終わったのだろうか、フロアの同僚たちに声をかけ、そそくさとエレベーターに乗

り込んだ。

エントランスでは背の高い素敵な外国人男性が待っていた。ミクにはなんとなく、それが夫だとわかった。腕を組んで、週末の夫婦のデート。子どもはベビーシッターに預けて、今ごろは夢の中。明日からは休暇をとって、家族での旅行の予定……。

それはまるで、映画の中の世界のような、夢の中のような、羨ましい世界。


「じゃあ、もうひとつお見せしましょう」

ウリエルの声がして、場面が切り替わる。

そこは、どうやら日本の学校のようだが、普通の学校よりも規模が小さいように見える。

教壇に立つのは、ミクだ。

こちらのミクは、学校の先生のようだ。そこは、通常の公立や私立の学校ではなく、通常の学校が合わずに学校へ行けなくなってしまった子どもたちのために開かれた、フリースクールだった。

特に、学習障害や発達障害のある子どもに対して臨床心理士などの専門家がサポートを行いながら、学習支援と同時に社会生活を送るためのトレーニングにも力を入れていた。

——ああ、こういう学校があったら、って思っていたんだった、私。

ミクは過去を振り返った。

昔は、優等生だったミク。父の仕事の都合で高校1年のときに家族でオーストラリアへ行ったころから状況は変わってしまった。初対面の人とコミュニケーションをとるのが苦手なミクは、慣れない海外での生活、英語でのコミュニケーションになじめずに引きこもってしまったのだ。

その後、日本へ戻り、推薦で地方の国立大学の教育学部へ進学。

——すべての子どもたちが、自分らしく学び、自分らしい未来を目指してほしい。そんな環境をつくりたいし、サポートしたい。

その思いは、まさに自分の経験から生まれた自分のための思いでもあったが、日本の教育システムの中で、ミクの理想の教育現場はどこにもなかった。

教育実習を行いながらそれを実感したミクは、結局、教員免許はとらなかった。結

果、就職活動をしなかったこともあり、一般の企業への就職も難しく、そのまま派遣社員として営業事務の職についた。

——大学のころの私には、この選択肢までは思いつかなかったな。

◎時間は「連続」してなどいない

気がつくとミクは、屋上でお弁当を広げたままベンチに座っていた。

隣にウリエルが座っている。

「どうでしたか？　他の未来のミクは」

「どうって……正直、羨ましいです。それに、ありえた未来かもしれないけれど、今の私には別世界で……」

「何言ってるんですか？　ありえた未来ではありませんよ。実際にこの宇宙に存在している別の未来です。実際に、今見たミクは別の次元で生きています」

「私の、別の未来？」

「はい。ミクの人生の選択のたびに、別の宇宙が生まれて、そこには別の未来が存在

しているんですよ。さっき見たのはその一部なのです。別の選択をしたミクがいるのですよ」

にわかには信じられない話だったが、羽の生えたシカが話しているのだから、もはやなんでもありな気がしてきた。

「そっか……じゃあ、私はやっぱりその中でも貧乏くじを引いてしまったということですよね」

「その思考がね、不幸の元なんですよ」

「だって、これまでの選択が今の私を生み出しているわけで……ここから、さっきの2人のような輝く人生が訪れるなんてとても思えない。今さら頑張っても、アラサーで彼氏もいないし、派遣社員でちゃんと会社で働いたこともない私が、何か成し遂げたり、何かを得たりできるなんて思えないんです」

「……と、思い込んでいるだけです」

「え？　いや、だってそうじゃないですか」

「……と、思い込んでいるだけですよ。ミクは他の数多のミクの中でも、『抜け出せない暗闇を体験したかった』ミクだから」

「暗闇を体験したかった？」

「そうです。ミクは、この地球に生まれるときに、その体験をしてみようって思ってやってきたわけです。そして、見事に望んだ人生を経験しています。それは、夢の中で泥沼の中で徒競走をし続けるゲームみたいな感じですね」

「泥沼を走り続けるゲーム？」

「はい。しかも、それがやりたくて地球に来たわけです。でも、そろそろ、真実を知らなくてはいけない」

「真実？　泥沼を走り続けているっていう真実？」

「いいえ。泥沼を走り続ける夢・を・見・続・け・て・い・るっていう真実です」

「ええ!?　これ夢なの？」

「大正解。そして、ミクは、時間の真実について知らなくてはいけませんね」

「時間の真実？」

「ミクは、いや、眠りに落ちている人間は皆、時間は過去から現在、そして未来に向かって流れていて、連続していると勘違いしています」

「え!?　いやだって、勘違いじゃなくて実際にそうですよね」

「いいえ、違います。勘違いしているからこそ、過去の経験や失敗の延長に今があって、だから未来はもう変えられないのだと落ち込んでしまうんです。時間というのは、1本の線上にあるのではなく、宇宙の中に点在しているのです。過去も、未来も、今も、同時に存在しているし、さまざまな選択をした自分が宇宙空間に存在しているのです」

「どういうことですか？」

「今のミクの波動を変えれば、過去も、未来も、一気に変わってしまうということです。正確には、どんな未来も過去も今選ぶことができます。それも、まったく思いもしなかったような未来でさえ、今を変えれば手に入るのです。過去がどうだったかなんて一切関係がないのです」

「でも、過去の私が今の私をつくっているわけで」

「ではうかがいますが、ミクの記憶は、起きたことそのものですか？」

「もちろん！　そうだと思います」

「本当に？　まったく解釈も入らずに、過去の記憶すべてが、本当にあった出来事かどうかなんて証明できますか？」

「う……そう言われると……多少の解釈は入ると思いますが」

「多少？　いいえ、人間の記憶は、解釈そのものですし、ただの選択です。今のミクの波動に合う周波数で記憶をキャッチしてとらえているだけなのですよ」

「記憶は解釈？」

「たとえば、同じ出来事に遭遇していた人が、まったく違う記憶を持っていることってありませんか？」

「ああ、それはある気がします」

「それは、その人の今の波動によって記憶をつくり出していたり、選んだりしているということなのです。人によって変わりますから、正しい記憶など存在しないというわけです。だから、本当は自分で変えてしまえるのですが、眠りに落ちている人たちは、目醒めたくない。だから、今をどん底にしておきたい。過去のせいで未来もずっとダメなのだと思い続けるために、ダメだった記憶をつくり出していると言えるのです」

「過去を幸せな記憶だけにすることもできるということですか？　それが本当ならすごいけど、そうなるとはとても思えません」

「それができないと思っているのは、できないという前提で夢を見ているからなのです。それは、深い眠りのゲーム。たどり着けない苦しいゲームにハマってしまっているのですよ。ですが、目を醒ましたら、なんだって可能だし、未来は自由につくれるし、過去の記憶だって自由に書き換えることができるってことがわかるはずです」

「〝眠りのゲーム〟と言われても、私にとってはこれが現実としか思えません。どうやったらそこから目を醒ますことができるのか、全然わからないのですが……」

「まず、今の自分の状態が、心地よいかどうかを確認してみてください」

「心地……よくはないです。全然。はい」

「ですよね！　それこそが、ミクが今夢を見ているという証(あかし)です。今の人生が、心地いいと思えないなら、本来の自分で生きていないという証拠です。つまり、眠りのゲームの中をグルグルしている状態ということです」

「心地よい人生を手に入れるには、どうしたらいいんでしょう？」

「まずは、〝グラウンディング〟することです。ミクが目を醒まそうとしているのは、地球が一足先に眠りの状態から目醒めることを選択したからなのです。だから、今の地球の波長に同調して一緒に目を醒ましていくことで、眠りから醒めて、心地よい自

分で生きていくことができるようになりますよ」

「うーん、なんだかとても難しい話ですけど……それってつまり、私は眠りの星に生まれて、居心地のよくない人生を夢の中で体感するゲームをし続けてきたから、そこから目を醒まして自分で選ぶ人生を歩め、ということでしょうか」

「そう！　そのとおりです」

「そして、目を醒ませば、さっき見せてもらった別の未来が、私の現実になりうるということですか？」

「わかってきましたね」

ミクはしばらく考えてから、こう言った。

「グラウンディング……やってみたいです」

「もちろんです。僕がこれから、その方法を教えますよ」

ウリエルはそう言ってメガネのズレを直し、襟を正した。

3 この世ゲーム攻略法

望む未来へアクセスする

① 「体験したくない状況」を選び続ける人たち

人生は、この瞬間から、選び直すことができます。

なぜなら、次に人生に起こることを選んでいるのは、いつも、自分自身だからです。

第2話の主人公はミク。まわりの環境に振り回されて、自分の人生を選び取れない眠りのゲームをし続けてきた彼女に、大天使ウリエルはまず、グラウンディングの方法を教えました。

この眠りのゲームのエンディングは、目醒めることです。

地球にやってきている魂は、いつか目醒めます。

もともと、僕たちは全知全能の存在として宇宙に存在していたわけですから、目醒

めているのが本来の姿です。

ところが、眠りの星である地球で、輪廻(りんね)転生を繰り返してきた魂は、あまりに深く眠ってしまったため、ゲームの世界と現実が逆転してしまい、ゲームの世界を自分の現実だと信じ込んでしまっています。そして、「このゲームは悲惨で難攻不落だ」と思い込んでいるのですが、本当は自分がそのゲームに制限をかけたり、やたら強い敵ばかりが出てくるように設定して挑んでいるだけなのです。

これは、僕たちが制限ばかりのゲームをしたいと思って地球に来たからなので、ある意味、十分に不幸なゲームを楽しんでいるとも言えるのですが、**ゲームのエンディング、ゴールは「目醒めること」です。**

目醒めてしまえば、本来は万能な力のある完全な意識ですから、どんな願いも自由自在です。楽しくてしかたがないゲームを自分でつくり出して存分に楽しむことができるようになります。

もちろん、変えられないものもあります。

生まれた環境、両親、国、性別、身体的条件、そういうものは宿命といって、すでに地球に来る前に自らカスタマイズしているもので、とりあえず今回の人生では変え

られません。これは、ロールプレイングゲームの初期設定のようなものですね。
しかし、それによって起きる出来事や、自分をどう扱うか、未来をどうしていくのかは、別の話です。

この地球で人間が挑戦する「この世ゲーム」は、初期設定のスペック以外の、ストーリーや出てくる人物、起きるイベントなど、すべてを自由自在にカスタマイズできます。 さらに、ゲームの途中でその展開が気に入らなければ、あなたはすぐに、ゲームをリセットして、違うゲームのソフトを入れることもできます。

ですが人は、時が1本の川のように、過去、現在、未来とつながっていると思い込んでいます。だから、過去の延長線上でしか未来を選ぶことができません。これが、同じゲームをやり続けているという意味です。

たとえば、仕事でプレゼンがうまくいかなかったという現実に直面しているとします。これは過去のいくつかの時点で選んだものを、今体験しているということ。そう、過去の点のいくつかが結晶化して、今、実っているのです。

それは、最悪だと思うことも、最高だと思うこともそう。とすれば、**今の時点で思うこと、決めることが、そのうち結晶化して現れることになります。** ここだけを切り

取ると、過去の選択が未来をつくっていると思うかもしれません。ですが、「やっぱりダメだった」と今思うことによって、それが現実化し続けているのだとしたら、今、違うものを選べば当然、違う現実が生まれます。

だから、「次のプレゼンは最高にうまくいく」と、今選べば、それが現実になるということなのです。これが、ゲームのソフトを入れ替えるということ。たとえ過去にダメだったからといって、また同じことの繰り返しを選ぶ必要などないのです。

次元上昇する今の地球に「グラウンディング」する

新しい自分に生まれ変わりたいと思うのであれば、目醒めると決めて、次元上昇し始めた今の地球にしっかりと足をつけて立つことが大切です。

そうすれば、自分の今を客観的に見つめながら、自分の望みに気づき、そこに向けて一歩ずつ着実に歩き出すことができます。

まずは、しっかりとグラウンディングする方法をお伝えしましょう。

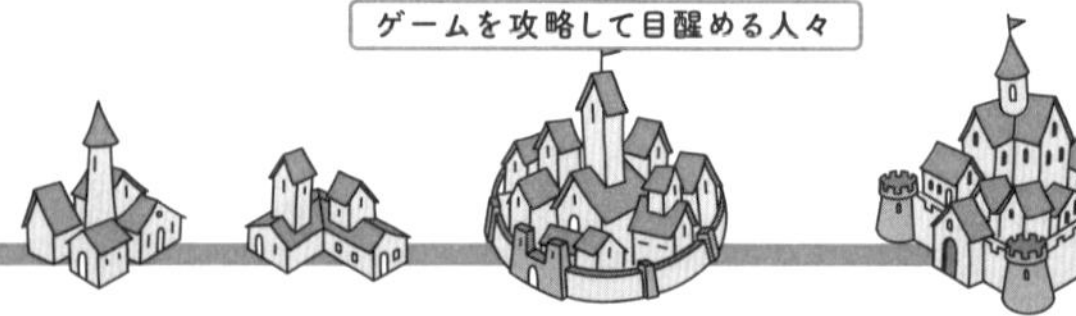

・グラウンディングの方法

イスなどに腰かけて、足の裏を地面や床にしっかりとつけます。丹田（おへその下のあたり）に力を入れ、スッと背筋を伸ばし、まるで、宇宙から糸が降りてきて頭のてっぺんにつながり、自分が吊(つ)るされているようなイメージで姿勢を正してください。これだけでも、体の感覚が今までよりもリアルに感じられるようになるでしょう。

軽く目を閉じて、深呼吸を繰り返します。人によっては、川の流れや波の音などを流しながら行うと、地球に同調しやすくなります。

尾骶骨(びていこつ)のあたりに意識を集中しながら、ソフトボールくらいの大きさの光の球をイメージしてください。その光の球にさらに意識を集中させます。

光の球には、光り輝くエネルギーのコードがつながっていて、地に向かってまっすぐに伸びていきます。イスを通り抜け、床や地面を通り抜け、まっすぐに、地球の中心に向かってコードが伸びていきます。

光のコードが地球の中心に到達した（とイメージできた）ら、そのコードの先をつなぐためのコンセントがあるので探してみてください。イメージすると出現します。見つかったら、そこに、コードを差し込みます。

差し込んだら、深呼吸を数回繰り返しましょう。

そうしながら、あなたの中のストレスや疲労、負の感情が真っ黒い煙になって、光のコードを通じて地球の中心に流れていくのをイメージしてください。

黒い煙はすぐさま地球の中心で浄化され、クリアでパワフルな光となり、光のコードを通して戻ってきて、あなたの体を満たします。

これを数回繰り返すことで、あなたはグラウンディングすることができます。

地球と確かにつながったという感覚がつかめたら、ゆっくりと目を開けましょう。

さぁ、これであなたは、地球と光のコードを通してつながりました。

こうして、しっかりとエネルギーレベルでつながると、地球の次元上昇のエネルギーを常に受け取り、日常生活に使えるという循環が、自動で行われるようになるのです。

イスから立ち上がり、少し歩いてみてください。人によっては、これまでにない地表の感覚を足の裏に感じたり、下に向かって引っ張られるような安定感を感じたりすることもあります。それらが感じられなくとも、すでにコードはつながった状態なので、安心してください。

これからの生活の中では、枯渇することのない光のエネルギーが地球の中心からあなたに流れてきます。疲れたり、ストレスを感じたりするときは、光のコードから負のエネルギーを地球の中心に流すイメージをしてみてください。地球の中心に到達した負のエネルギーは、地球の大きな愛で浄化され、利用可能なエネルギーとなってあなたに戻ってきます。

このグラウンディングのワークは、毎朝目覚めたときに、行ってみてください。また、精神的なショックを受けたり、ネガティブな過去の自分に戻ったりしてしまいそうなときは、いつでもこの光のコードを意識して、地球の中心につなぐイメージをするようにしましょう。

これを続けていると、つながっている感覚を当たり前のように感じられるようになるだけではなく、直感力や集中力が増し、エネルギーが循環することで、疲れにくくなるのです。

望む「今」へと次元を超えてジャンプする

今、地球にいる魂は、これまで、不可能や苦悩を体験するために自分の波動を下げ、光の存在であることを忘れてしまっています。本来、魂は、この地球ならではのさまざまな体験をするためにやってきた、というのはお伝えしているとおりです。

つまり、これまでは闇の経験を望んでいただけ。光の経験を望めば、喜びと幸せに満ちた現実へと移行することができます。

そのためには、自ら下げた波動を上げ、本来のあなたに戻っていく必要があるのです。光の人生を送るための第一歩を、これから始めてみてください。

あなたは、あなたが歩みたい人生を選択できます。これから見る映画やプレイするゲームを選ぶように自由に選ぶことができます。今までの自分の人生の経験にかかわらず、理想どおりの人生を選べるのです。

望む仕事、住みたい場所、出会いたいパートナー、幸せな結婚生活、こうなりたいと願うこと、どのようなことでも、思い描けること、想像できることは、すべて、実現可能です。

そのためのイメージング法をご紹介します。

・理想の扉を開くワーク

まず、ひとりで集中できる場所に立ちます。

目を閉じて、自分の理想を思い描きます。

それが明確になったところで、手を叩く[たた]か指を鳴らして、目の前に扉が出現するのをイメージしてみてください。それは、「どこでもドア」のような扉です。その向こうの世界は、あなたが望む理想どおりの世界です。

今こそ「その扉の向こうに行く」「理想どおりの人生を歩む」と心に決めてください。強い意志、覚悟を自分の中に感じられたら、ドアノブに手をかけて開きます。

さあ、扉は開かれました。扉の向こうに、足を踏み入れてください。

中に入ったら、後ろ手でドアを閉めます。そして、扉が出てきたときと同じように、手を叩くか指を鳴らして、そのドアを消してしまいましょう。

あなたはもう、理想の世界、望む地球へとジャンプしました。もう二度と戻る必要はないのです。

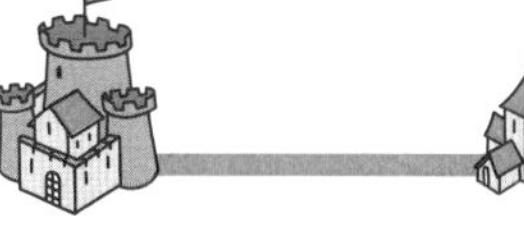

目の前に広がる、新しいあなたの世界を見渡してください。前を向いて立っている自分の後ろ姿が見えてきます。

その後ろ姿に向かってまっすぐに歩き、自分と重なってください。重なったら、深呼吸を数回して、その状態をなじませます。

そのまま、新しい世界を、イメージの中で体験してみましょう。

朝はどんな天井を見て、どんなベッドで目が覚めるでしょうか。隣には誰がいますか？　朝はどのような食事をし、どのようなリビングで過ごし、朝、どんな表情で家のドアを開けて出ていきますか。その姿を見守ってくれる人はいますか？　それとも、誰かを見送っていますか？　どんな仕事をし、どんな同僚に囲まれ、どんな友人がいますか？　どんな趣味を持ち、どんな体験をしているでしょうか？

それらをできる限り、喜びやワクワクなどの感情を伴わせながらイメージします。

存分に新しい自分を体感したら、その波動を自分のものにして、実際にその世界で生きるために深呼吸を続けましょう。

イメージと自分自身が一体化する感覚が得られたら、ゆっくりと目を開けます。

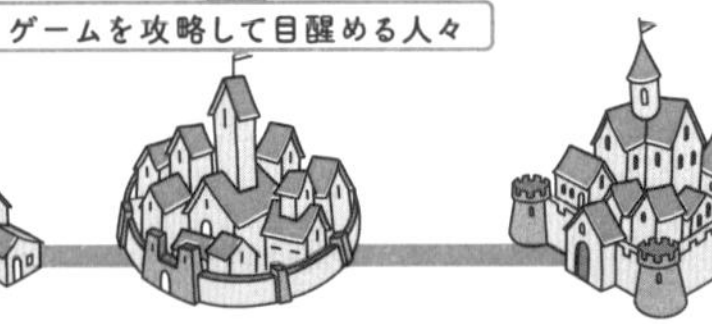

これは、別のあなたが住んでいる別の宇宙にアクセスする方法です。そして無限の可能性のひとつにアクセスし、実際に体験しているのです。

すべてが理想どおりです。

すべてが思い描くままの、幸せで、喜びに満ちあふれた生活です。

そこに苦悩や悲しみは存在していません。

このワークで得た新しい感覚のまま、新しい世界であなたが体験していたことをできることからひとつずつ、可能な限りやってみましょう。

いくつかは、今すぐに実現してしまうかもしれません。

朝食を食べなかった自分が、イメージの中で朝ごはんを食べていたのなら、すぐにそれを実行します。そして、イメージの中で見たことを、自分で体験していってください。

望む変化のいくつかは、すぐにできる体験を繰り返しているうちに訪れます。出会いが訪れたり、新しい仕事が舞い込んできたり。

以前の自分と新しい自分が交差した状態がしばらく続いたあと、完全に、新しい世界へと移行するでしょう。

この移行中の期間も、自分はすでに新しい世界の住人であることを常に意識してください。

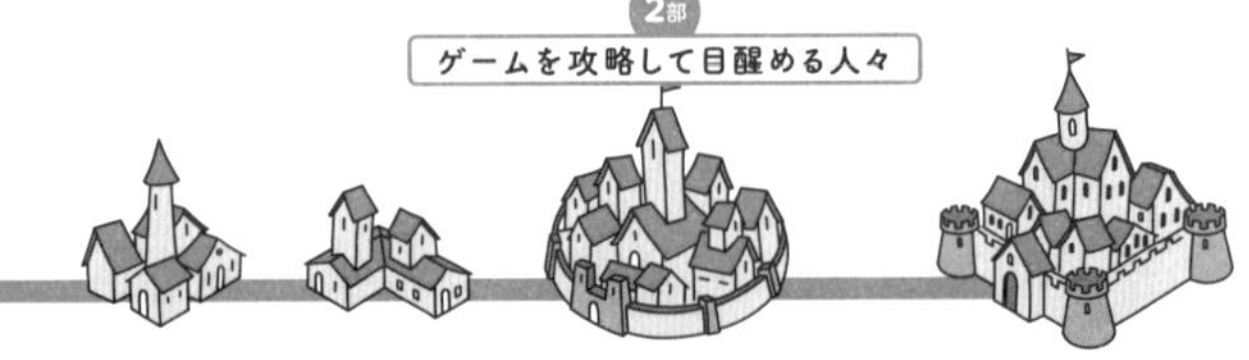

◎「2時間後」は何をしていたい？

ミクは、グラウンディングのワークを真剣にやってみた。ウリエルはまるで先生のようにグラウンディングの仕方を教えてくれた。

光のコードが地球につながる感覚は、ミクがこれまで感じたことがないものだった。

これまでの人生、自分の人生なのにリアル感がないと思っていたのが嘘のように、力強く地に足がついた感覚がある。その感覚を抱いたままで、理想の自分について改めて考えてみる。

「過去と今がつながっていないということは、これから、自由に自分の未来を思い描けるということでよかったんですよね？」と確認するミク。

「もちろんですよ。むしろ、過去の記憶の延長線上にしか未来がないと考えるのは、深く眠り込んだ魂の、支配された考え方ですから。地球で眠っていたいのなら、それでももちろんかまいませんが、さきほど、地球のエネルギーを得、新しいリズムに同調したわけだから、自由自在な自分になってみるというのはどうでしょう？」

「自由自在？」

今まで、ミクの人生にはなかったことだったが、不思議と今の自分には必要なものに思えた。

とはいえ、これまでの人生にどうしても思考が向いてしまうミク。

――あれをやっても、失敗。これをやっても、失敗。

「理想どおりの人生なんて、願ってかなったことなんて、まったく思いつかないな」

「ではうかがいますが、どういう自分だったらワクワクしますか？」

「ワクワクすることなんて、私の人生にあったかなと思うくらい、思い出せません」

「ですが、先ほどお見せしましたよね。実際に願いがかなった人生を生きているミクの姿を。もしも、あの２人と同調したいなら、あの次元に飛ぶこともちろん可能ですし、別の未来だって無限にあるんです。たとえば……そうだ！　今日、午後から、どんな人生にしたいですか？」

そう言ってウリエルが楽しそうに笑った。

「え！　今日の午後？　どんな人生にしたいかって？」

「そうそう、２時間後、何をしていたいですか？」

考えたこともない質問に狼狽（ろうばい）しつつも、ミクは改めて、両足を地に足をつけて考え

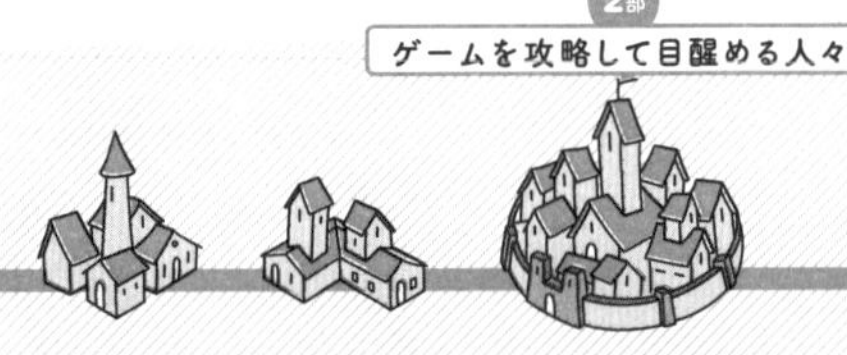

てみる。

「できれば……」

「できますよ！　大丈夫！」

「え？」

「できる」

「そ、そっか。じゃあ、上司のパワハラのない午後を過ごしたいです」

「それから？」

「それから……イヤイヤ仕事をやっているのを、もう少し楽しんでみたい」

「それから？」

「いい気分で家に帰って、ぐっすり眠りたいです」

「それから？　それから？　たとえば、1年後、どうなっていたら理想的ですか？」

「1年後の理想？」

「そう、理想。今の自分にかなえられそうかどうかは、まったく考える必要はありません！」

「は、はい」

とはいえ、すぐには浮かんでこない。

「そんなときは、改めて、光のコードが上昇していく地球の波動につながっていることを再確認してみてください。そして、自分が一番しっくりくる自分の姿をイメージするといいですよ」

「はい!!」

目を閉じて、呼吸しながら、ミクはもういちど地球とのつながりを感じてみる。

足をしっかりとつけて呼吸していると、少しずつイメージが浮かんできた。

「1年後の理想は、同世代の素敵なパートナーがいて、結婚が決まっていて、派遣の仕事は辞めています」

「それから？　それから？」

「それから……今の私が理想とする人生は……パートナーを一番に大切にしながら、大切にされながら生きること。仕事は、今のところは思い浮かびません」

「それなら、まずはそこまでですね。じゃあ、これから、今ミクがイメージした理想のミクへとジャンプしてみましょう」

ミクは教えられたとおりに、「どこでもドア」を開けてみた。

そして、後ろ手でそのドアを閉じ、指を鳴らしてそのドアを消してみた。

目の前には、ウリエルが教えてくれたとおり、自分の後ろ姿が見えた。

そこに同調するように、スッとその中に入ってみると、新たな世界が見えてきた。


今朝、上司にひどく叱られていた会社のフロアに、ミクは立っていた。

そこには、今まで見たことのない柔らかい表情の上司がいて、同僚たちが笑顔でミクを囲んでいた。そして、そのうちのひとりが大きなオレンジ色のガーベラの花束を差し出し、「お疲れさまでした」と告げた。

「本当にやりたいことが見つかって、よかったですね。よく働いてくれたから、残念ですが、みんなで応援していますよ」

上司がそう言ってくれた。

まるで、夢の中の世界のようだが、質感は現実そのものだ。

目を開けたとき、ミクの頬を涙が伝っていた。

――この会社で、居場所があるという感覚、初めてだ。でも、とてもしっくりくる。

「さあ、今日のワークはこれでおしまいです。お弁当を食べて、元気に仕事に戻りま

しょうか」

ウリエルはそう言って、自分のお弁当を食べ始めた。あまりにも上手なシカのキャラ弁を見て、ミクは思わず笑ってしまった。

「それ自分で作ったんですか？　すごい！　お料理のイメージなかったけれど！」

「そうですよ。だって、すべては自由自在ですから。ミクのお弁当も豪華になりますよ。さぁ！」

ウリエルがそう言ってミクのお弁当箱を指さすと、お弁当がキラキラと輝いて、次の瞬間キャラ弁になっていた。

「わ！　白鳥の顔に、バッハみたいな頭？　こんなキャラクターいましたっけ？」

ミクはまた笑った。

「いいですね。そうやって、笑顔になる回数を増やすといいですよ」

何時間もそこにいたかのような感覚になった昼休みは、まだ、ほんの数分しか過ぎていなかった。

「宇宙には本来、時間なんてないんですから。本来の自分に戻ると、そのことがより

強く感じられるはずですよ」

ウリエルは言った。ミクはゆっくりお茶を飲みながら、空を見上げた。春分を迎えた清々しい空だ。

――ああ、毎日ここでお弁当を食べていたのに、この空の青さに気づかなかったな。

◎気づいたとたんに「見える世界」が一変する

午後、派遣社員たちが会議室に集められ、目の前には鮮やかなピンク色のパンツスーツに身を包んだバリキャリ風の女性が立っていた。

「本日から、派遣社員の方々のメンタルケアやフォローを行ってくださる、並木良枝さんです」

「並木と申しま――す。皆さん、どうぞよろしくお願いいたしま――す!」

目の前の派手なスーツのその女性が、歌うような声でそう挨拶をした。

――派遣のメンタルケアだなんて、今までこんな人、来たこともないのに。

何が起きたのかよくわからない派遣社員たちは皆、顔を見合わせていたが、並木女史はおかまいなしだった。

「さあ、さっそくですが、ひとりずつ面接を行いますねー。最初は、ミクさん!」

「え!? わ、私ですか?」

「ピンポーン! そう、あなたです。あなた。さあ、行きましょう、行きましょう。さあさあ。他の皆さんはまたのちほど――!」

そう言って、並木女史が促すように隣の小さな応接室へとミクを呼び込み、ドアをパタンと閉めた。

そこには、大天使のウリエルがくす玉を抱えて浮かんでいる。

「え!? ちょっと待って、ウリエルくん、並木さんとお知り合い?」

「いいからいいから。さて……ウェルカム・トゥー・ニュー・ワールドー!」

と、並木女史がひもを引っ張ると、くす玉が大きな音を立てて割れ、そこに、

WELCOMEの文字が現れた。

「え……あの、私、やっぱり白昼夢の中にいるんでしょうか？」とミクが尋ねると、ウリエルと並木女史が突然立ち上がって「白昼夢！　ですって！」とハモった。

すると突然、部屋の中に音楽が流れ始めて、並木女史とウリエルが肩を組んで歌い始めた。

「ずっと夢を見てー、安心してーたー。僕はDay Dream Believer、そんで、彼女はクイーン」

2人はワンフレーズ歌いきってから、困惑するミクにようやく話しかけた。

「はじめまして、お昼寝姫」

「目覚まし時計が鳴ってることに、うすうす気づき始めたお昼寝クイーン、ってとこでしょうかね？」

「さあさあ、渋い顔してないで、ここは笑うところよ。まぁいいわ、座って座って」と、並木女史がミクに、応接室のイスに座るように促した。

「わ、笑えないです」

「やあねえ、深刻な顔しちゃって。もう、せっかく眠りのゲームから目醒めようとし

ているんだから、楽しんだほうがいいわよ！」

「そうそう、現実は、実は夢のようなものですから。夢のようにかなうのが光の世界ですからね」

とウリエルもうなずいた。

「さて、と。じゃあ、見てみましょうか」

と並木女史。

「え、何をですか？」

「隣の会議室で、今あなたの上司が幹部の人たちとミーティングをしているわ」

並木女史が指をパチンと鳴らすと、隣の会議室との壁が透明になり、透けて見えた。

「私は、派遣の数を減らすことには反対です！　私がしっかり指導して成果を上げるようにしますから、もう少し時間をいただけませんか？」

そこには、幹部に向かって真剣に話す上司。人員整理をしようとしている会社に対して、派遣の人たちを守ろうとしていた。

ミクには、それまで見えていた景色が、まったく違う意味を持つのだということが、理解できた。

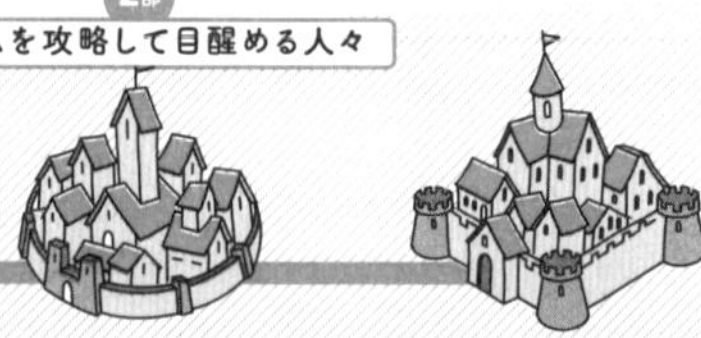

「ほら、どうして上司がミクに厳しく接しているか、わかりましたか？」

「は、はい……でも、私は全然仕事に情熱を注げずに、とりあえず仕事してますって気持ちでした」

「そうですね。では、ミクはいつまでその『とりあえず』でいるつもりでしょう？」

――本当だ。私、いつまで「とりあえず」のままなんだろう。

上司がミクを叱っているときの光景を思い出してみる。

派遣であろうと、きちんと仕事に取り組む人材を大切に扱いたいと願い、幹部にも掛け合っている上司にとって、仕事を大切に考えないミクは憤りを感じる存在だったのではないだろうか。

――上司が派遣を見下してパワハラしているなんて、短絡的な考え方だった。

ミクは、自分が見ていた世界がとても狭く、保身と苦しみを得るだけの世界だったことに気づき始めていた。それはある意味、これまで見ていた世界とはまるで違うもうひとつの世界の体験でもあった。

◎前提が変わると現実が変わっていく

その日の午後から、ミクの仕事への取り組み方が明らかに変わっていた。テキパキと仕事を始めたミクを横目で見て、上司は立ち止まらずに通り過ぎた。理想の人生として最初に掲げた「パワハラのない午後」は、その瞬間からかなっていた。

――すごい。とらえ方が変わっただけで、現実が変わった。

派遣社員のためのメンタルケアを請け負ったという並木女史が、「今日やる仕事、今やる仕事の中で、何が楽しめるのかを探してみて」とアドバイスをくれたこともあるが、「今」という時間を自分なりに楽しみたいという欲が、自然と湧いてきているのを感じていた。

それからのミクは、毎日のように「理想の扉を開くワーク」をし、理想の自分に同調し続けた。

理想の扉の向こうで見た、花束を受け取って辞めていく自分が、リアルに感じられるようになってきた。すると、「この会社での時間を有意義なものにしたい」という

気持ちが湧いてきて、今まで一切関わりを持とうとしなかった他の派遣社員や、正社員の人たちとも軽く会話をするようになった。

怒ってばかりだった上司は、今までのような誰にでもできる仕事ではなく、少しずつ、責任のある仕事を任せてくれるようになった。

これがたった2週間ほどの間に起きた変化であることに、誰よりもミク自身が驚いていたが、同時に、今の自分のほうが本来の自分であるという感覚も湧いてきていた。

一方で、本当にやりたいことが何なのか、自分の理想の仕事、やりたいことについてはなかなか答えが出なかった。

「今まで、やりたいことをやってこなかったから、何がやりたいのかわからなくて。だけど『この仕事をやっててよかった』って思える仕事がしたいんです」

仕事の休憩時間にそのことを並木女史に相談すると、「やりたいことを見つけるヒント」を教えてくれた。

「それはね、幼いころ、何をしているのが純粋に楽しかったのかを思い出してみることよ」

魂の記憶をたどる

①「やりたいこと」をないことにしない

多くの人が、この地球上で支配された意識の中で「やりたいことを見つけなくてはならない」と思い、頭を抱えています。

このような人たちを見ていて思うのは、自分が深い眠りに沈み込み、コントロールされた世界の中で、やりたいことが「ない」と、決めつけてしまっている傾向があるということです。

これまでの地球では、「やりたいことをやるのは難しい」「願いをかなえるのは大変なことだ」という概念にコントロールされ、やりたいことをやるためのハードルは高くなり、そこに向けてチャレンジする魂が減ってしまっていました。

しかし、目醒めを迎えた地球上では、やりたいことのすべてはすぐにやることができ、願いはかなっていきます。

それでも、いまだに地球の制限の概念に邪魔をされ、「良いこと」には「悪いこと」の波動がつきまとい、「やりたい」ことは「やれない」という波動がセットで生まれる癖が残っているのです。

そうして生きてきた結果、「やりたいけれどやれない」を積み重ねすぎて、「やりたい」ことをないことにしてしまう状況が生まれています。

年齢のせい、性別のせい、生まれた家のせい、親のせい、失敗するのが怖い、という理由からあきらめるということを繰り返したことで、「やりたいことはない」「やれることはない」という意識が強くなり、やりたいことがないかのように振る舞っているだけ。

地球上に生まれてきた魂は、例外なく、やりたいことがあるからこそ生まれてきたのですから、やりたいことがないということは、そもそもありえないのです。

では、「やりたいことがない」という状況をどうしたら打破できるのか。そういうときは、無理をしてやりたいことを探す必要はありません。ただ、ひたすら、

・年齢が関係なかったら何がしたい？
・性別に制限がなかったら何がしたい？
・失敗がない世界なら何がしたい？
……と空想し、楽しむことから始めてみてください。

また、「幼いころ、何をしているときが一番楽しかったか」を思い出すことも、一助になります。地球にやってきて間もないころの魂は、地球での眠りが浅く、自由に楽しんでいたからです。

変化への恐れにはこう対処する

これまで地球上の魂は、変化を恐れる傾向にありました。

それこそが、魂が苦痛や苦悩を体験するために地球に求めたコントロールの結果でもあったわけですが、変化とは自分の波動を大きく変えるものであり、苦労や苦痛のないパラレルワールドへの移行でもあることから、苦痛を味わうためにとどまりたい魂は、これを拒否してきたとも言えます。

今持っているものを手放さない限り、今いる次元から出ていくことを決意しない限り、喜びに満ちた新たな次元での生活はかなわないのですが、一度手に入れたものに固執する魂は、手放すことへの恐れを握りしめたままなのです。

変化することは怖いこと。これは、人が人である以上、避けられないことです。

しかし一方で、この概念はもう、新たな地球の次元では通用しなくなっていきます。

なぜなら、絶えず上昇し、光に向かって変化し続けている地球と同調し続けるためには、あなた自身も、変化し続ける必要があるからです。

これまでは、「安定＝眠り続けること＝変わらないこと」でした。

これからは、「安定＝目醒め続けること＝変わり続けること」です。

思い出してみてください。どれだけそこにとどまろうとしたところで、実際には、同じ状況がずっと続いていた事実などないはずです。「私は変われない」とうなだれている人がいたとしても、状況は刻一刻と変わっていっています。

たとえば、わかりやすいところで言えば、変わらないことによって何もしないまま年齢を重ね、フットワーク軽く何かを始める機会を失ったり、体力がものをいう挑戦ができなくなるなど、制限を強めるという変化が起きています。

変わることによって起こりうる危険や恐怖より、変わらないことによって起こりうる危険や恐怖に目を向けるほうが健全であるとも言えます。

変わることを歓迎し、変わることこそが安定であると心に刻んでください。

踏み出すことへの恐れが顔を出したら、そのたびに、地球とつながる光のコードを思い出して、「グラウンディング」します。

さらに、「理想の扉を開くワーク」で変化する喜びを体験し直して、変わることへの恐怖心を手放し、怖がっていた自分を受け入れて前に進む。

これらを繰り返すことで、やがて、変化をものともしない自分へと成長していくことになるでしょう。

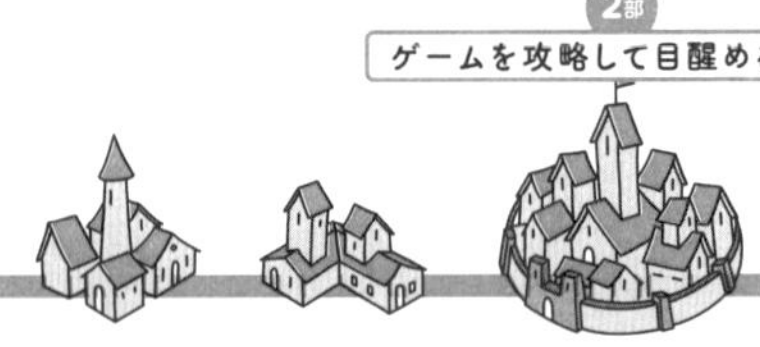

◎「後ろめたさ」の陰に魂の課題が見える

それから2週間がたった。

ミクはグラウンディングすることから1日をスタートし、今日を、今を、楽しむことに集中するようになった。

その中で、自分がやりたいことがなんなのか、自分にすべての制限がなかったとしたら何をやってみたいのかを考えながら、理想の未来へのどこでもドアにつながり、イメージする自分を体感してみた。

職場でのミクの姿は、以前とは別人のようだった。

これまで「仕事は作業」だと思っていたミクが、自分の仕事が誰の役に立つのかを考えてみたり、自分の中で目標をつくったりしながら楽しみ、チャレンジするようになった。職場の人たちとランチに出かけるようにもなった。

そのうちミクは、変わりたいのに変われない、自分の中のネガティブな感覚に直面することになった。

「ミクさんって、彼氏はいるの？」

ランチに出かけたときに、同じ派遣社員の女性にそう尋ねられて、一瞬黙ってしまった。

「あ、ああ、うん、いるよ。いちおう。あ、忙しくてなかなか会えないんだけどね」

胸の奥がチクリと痛む。

ミクにはつきあっている人がいるのだが、その彼には彼女がいる。というよりも、彼女だと思っていたミクは2番手だった、というよくある話なのだが、それを知ってもミクは別れることができずにいた。

「きっといつかは、幸せになれるはず」

そう思っていたから、彼に呼ばれれば疲れていても飛んでいき、ご飯を作ったり、いろいろと世話を焼くミク。

状況だけ見れば「そんな男、別れてしまえばいいじゃない」と思われるだろうし、ミク自身もそう思うのだが、それができずにいた。

「もう少し一緒にいたら、自分を選んでくれるかも」とか、「彼と別れてしまったらもう誰とも出会えないかも」と、彼への執着から離れられなくなってしまっていた。

——そういえば、これまでの恋愛もだいたいこんな感じだった。自分を大事にしてく

れない人ばかり……

ミクは振り返っていた。

もちろん、大事にしてくれない相手を選んでいるつもりなどなかったが、恋愛が始まってみると、いつの間にか大切に扱われなくなる。相手が浮気をしたり、なかなか会ってくれなくなったりして、結果的に相手がミクから離れていくのだ。

その日、家に帰ったミクは、誰もいない部屋でため息をついた。

物もほとんどないガランとした部屋は、ミクの心をそのまま表しているかのようだった。

「このままの人生は嫌だ」

そうつぶやいたとき、目の前にウリエルが現れた。

「言いましたね。じゃあ、変わればいいじゃないですか！」

ウリエルはミクの部屋の中をパカパカと楽しそうに駆けた。

「グラウンディングしても、私から彼と離れることは、怖くてできません。そこにいい未来があるわけないってわかっているのに……」

「ミクはもう『どこでもドア』を使って、新しい地球にジャンプしましたよね。自

分の人生を選び直したのだから、あとは現実がついてきます！『幸せになる』って、覚悟するだけですよ！」

「でも、自分の心の奥深くにある喪失感と欠乏感、彼をどうにかして振り向かせたいという思いが、どうしても消えてくれない」

「人生のゲームは、他の誰かや、環境にコントローラーを握らせてはいけません。これは、ミクのゲームだから。コントローラーを持っているのはミクだけですよ。不安なとき、怖いときは、いつだって、地球の中心とつながるワークをしてください」

ウリエルに促されたミクは、ベッドに腰かけ、地球の中心と光のコードでつながるワークをした。

地球の中心にコードがつながっているのを確認したところで、ウリエルの声がした。

「これまでミクが、何度も転生したこの地球で、トライし続けてきた魂の課題を教えましょう」

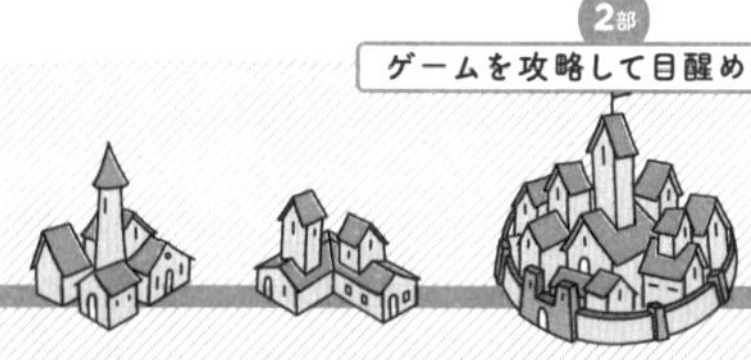

◎魂が繰り返す負の連鎖を抜け出す

気づくとミクは、見たこともない異国の民家の中に座っていた。

どうやらミクは身重で、出産間近のようだった。

目の前には、見たことのない男性が立ち上がって、家を出ていくところだった。

「行かないで」

そうミクが止めようとしたとき、男性が振り返ってこう言った。

「私は都の人間で、あなたは地方の庶民の娘。一緒になることはゆるされない。だから、どう考えても私たちに未来はないし、子どもの存在を認める気もない」

そのまま家を出ていき、二度と戻らなかった。

ミクは、怒りと恨みと悲しみを抱えたまま、身重の体で崖から身を投げた。身内はその出来事を恥として、真実を隠し、彼女のこともやがて忘れ去られてしまった。

場面が変わり、見たことのある建物の前にいた。

それは、ミクの母方の本家の母屋だ。

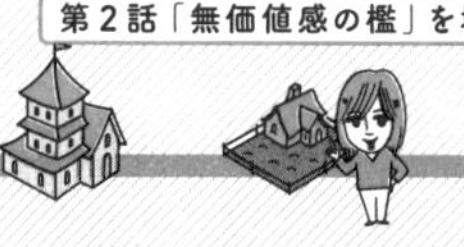

地元の名士であった本家の娘の姿が見えてきた。まだ年齢は13、14だろうか。その少女の目の前には16、17くらいに見える男性が立っていた。どうやら幼なじみのようだが、その場には、悲しみを隠した人々の表情があり、男性は見守る人たちに「行ってきます」と告げた。

周囲の人たちは旗を振っていた。

少女は、この青年に思いを寄せていたようだった。

「行かないで」の言葉を飲み込み、彼女も手を振って彼を見送った。彼が少女のもとに帰ってくることはなかった。

イメージが消え、ミクは部屋の中に立っていた。ウリエルがメガネを拭いている。

「あなたがこれまで、自分の人生で成し遂げることがなく、男性から選ばれることのない人生を送ってきたのは、魂が転生を繰り返し、『選ばれない』『愛されない』という苦悩と、悲しみを体験し、そこから抜け出すチャレンジをすることに意味を感じていたからですよね」

静かにウリエルが言った。

なぜだかわからないけれど、ミクの心にそれは非常にしっくりくる言葉だった。

実際、ミクは幼いころから、人を失う怖さをいつも抱えて生きてきた。

単身赴任で普段はいない父と、病気がちな母、勝気な妹と、発達障害の弟という家族の中で、いい子でいようと努めてきた。自分の要望などほとんど表現することなく、長女だから、自分が頑張らなくてはと思い、役に立とうと頑張った。それこそが、ミクがこの世に存在する理由、価値のように感じていたからだ。

だが、いくら頑張っても、母が大切にしているのはいつも、手がかかる弟。そして自慢するのはかわいくて勝気な妹だった。

「選ばれる価値がない」

「成し遂げられるはずがない」

という感覚は、魂が持ち続けてきた課題であり、ミクの選択した人生そのものだったのだ。

「選ばれてもいいし、選ばれなくてもいい。成し遂げてもいいし、成し遂げられなくてもいい。そこには、ただ体験があるだけ。これからの人生は、すべて、愛と喜びの

中にあるのですよ。あなたには知恵があります。大丈夫。目醒めたこれからの人生は、新たな人生です。さぁ、いきましょう」

そう言うと、ウリエルはスッと消えてしまった。

◎魂の課題をひとつ終わらせると、そのたびに本来の自分に還る

「で、ミクはさあ、本当はどういう人と恋したいわけ？　どんなときめきが欲しいのよ？　ほら、言ってごらんなさい」

翌日、応接室に呼ばれたミクに、並木女史がいきなりそう語りかけた。

「え!?　恋ですか？　これ、仕事の面談じゃ……」

「いいのいいの、細かいことは。ガールズトークしましょうよ」

「……ガール……」

「で、どうなの？　選んでくれない男に都合よく扱われているままでいいの？」

「え……でも、頑張ったら、いつか振り向いてくれるかなって」

「本当にそう思ってるの？」

「い、いや……でも、私なんか、また新しい恋ができるなんて思えないし、失うのが怖いんです」

「あなた！　そんなに自分のことをないがしろにしていいと思ってるの？　あなたも神・の・端・く・れなんだから、しっかりしてもらえないかしら？」

「は？　神？」

「そうよ！　あなたはもともと神なの。全能の神。そのことをすっかり忘れて眠っているだけ。思い出しさえすれば、人生好きなように変えられるんだから！」

「は、はあ」

「だいたい、恋愛で『頑張ったら選んでもらえる』なんて考えおかしいわよ！　あなたはあなたのままで存分に愛されていいし、幸せになっていいの！　あなたが選んでいいのよ！」

「う、うーん、その感覚がよくわからなくて」

「今あなたが見ている人生映画は、『不幸な女の涙の子守唄（ララバイ）』ね」

「ラ、ララバイ……」

「そ。その物語の中に、どっぷり浸かって、どうやったら出られるかがわからなく

なっているのよ。このままじゃ、10年後も、20年後も、ずっと待ち続ける病んだ女になるだけよ？　今も十分病んでるけど、いいのそれで？」

「い、いや、よくはありません。でも、ハッピーエンドのストーリーなんて、どうも思い描けなくて」

「なかなかに筋金入りのお昼寝クイーンね。いいわ、じゃあ、ちょっとウリエルくん！　お仕事よ」

パンパン、と、並木女史が手を叩くと、天井から逆さ吊りでウリエルが登場した。

「では、このままいったらどうなるか、ミクが今選んでいる未来をお見せしましょう」

そう言うと、ミクの目の前の景色が揺れて、徐々に姿を変えていく。どうやらミクの彼氏の部屋のドアの前のようだ。

ピンポーン。

ミクは彼の部屋のインターホンを鳴らしてから合鍵を使ってドアを開けた。

そこには、女性ものの靴があり、奥から女性が現れた。

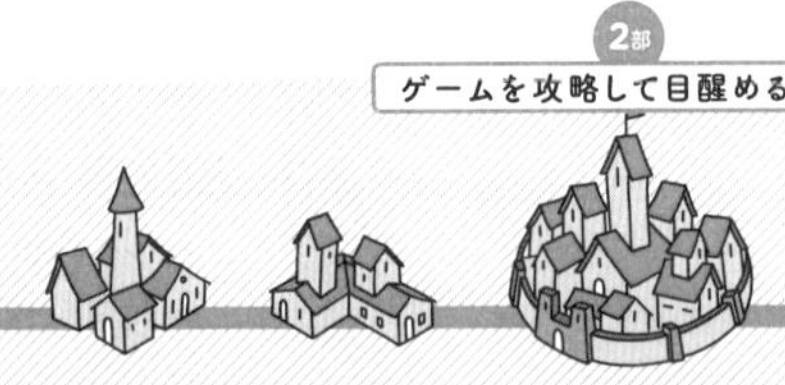

「え、誰？」

美人だ。あっという間にそこは修羅場と化し、彼と彼女が大ゲンカをし始めたのだが、そのとき彼が彼女にこう言った。

「違うんだよ。こいつ、俺のストーカーみたいなことしてて。俺にはおまえがいるからって何度断っても、しつこく家にまで押しかけてきやがって」

平然と嘘をつく彼。そして、ミクに向かって「だから、もう来ないでくれるかな。迷惑なんだ」と言い放った。呆然（ぼうぜん）と立ちすくむミクの心に、大きな怒りと悲しみが湧いてきた。


彼の部屋に立っているその感覚から、少しずつミクの視点が離れていく。彼の部屋を抜け出て、宇宙からその様子を眺めているような感覚になり、気づくと応接室の中で、ミクは映写機から壁に向かって映された映像を見ていることに気づいた。

映像の中で、ミクに1本の電話がかかってくる。彼からだ。

ピッ。並木女史が映写機を止めると、画面が一時停止になった。

「近いうちに起きるのよね、これが」と並木女史。

「……う、嘘」

ミクはショックを受けたが、心のどこかで「ああ、この人がそういう人だって知っていた」と思っている自分に気づいていた。

並木女史が、映写機にセットされているフィルムの背を指さした。

「ほら、見てここ。このタイトル。『不幸な女の涙の子守唄（ララバイ）』って書いてあるでしょ？」

「ほんとだ。ほんとにララバイだ……」

「子守唄のせいで深く眠りすぎだわ。ねぇ、これ、もう差し替えない？」

「さ、差し替える？」

「そうそう。だってあなた、地球に転生するたびに、このフィルムセットしてるんだもの。もう6348回目よ」

「え……6千……」

「ひとつの人生で5回こんな修羅場味わってたらあなた、これまでに3万回も裏切られてることになるわよ」

「さ……い、いやいやいやいや」

「もう十分よね？」

ミクは首がもげそうなくらいにうなずいた。

「さ、次はどんなのにする？　どんなストーリーでもいいのよ。地球は夢の世界。要は、ファンタジーなんだから、すごいおとぎ話のストーリーだって、かなうわよ」

「ファンタジー？」

「そうそう。じゃあ、ちょっと試しに私がフィルム選んであげるわ。ほら、こういうのどう？『人生は私が選ぶ。人生大逆転の女の物語』」

そう言って、並木女史がフィルムを新たなものに差し替えると、また映写機が回り出した。先ほどと同じくミクに1本の電話がかかってきた。

「さあ、どうするの？」

と並木女史。

「今がチャンスです！」

とウリエルがパカパカと駆けてきた。

「ストーリーが同じように見えても、ここからはもう別の映画の世界ですよ！」

ミクの心に怒りと悲しみの気持ちが湧いてくる。

その怒りは、彼に対する怒りではなかった。

自分が自分の人生を泥沼にしていることへの怒りであり、我慢させ続けていることへの怒りだった。

——もう、たくさんだ。

ミクは壁にツカツカと歩いていって、映された映像の中に手を突っ込み、そこから鳴っているスマホをむんずとつかんだ。

「もしもし」

「あ、ミク？　俺だけど、さっきはごめん、ああでも言わないとさあ、あいつ」

「どちらさまでしょうか？　申し訳ありませんけど、二度と電話なんかかけないでくださいね。どうぞお幸せに」

「え、ちょっと、ミク!?」

「私は私を選んでほしかった。選ばれたかった。置いていかないでほしかった。ひとりになるのが怖かった。でも、もう手放します。喜んであなたをリリースします。私は選ばれなくても価値がある。それに、私はこれから自分の人生を自分で選ぶ。それではお元気で、さよーなら」

ピッ。向こうの言葉を待たずに電話を切る。そして、映像の中の自分にスマホを戻

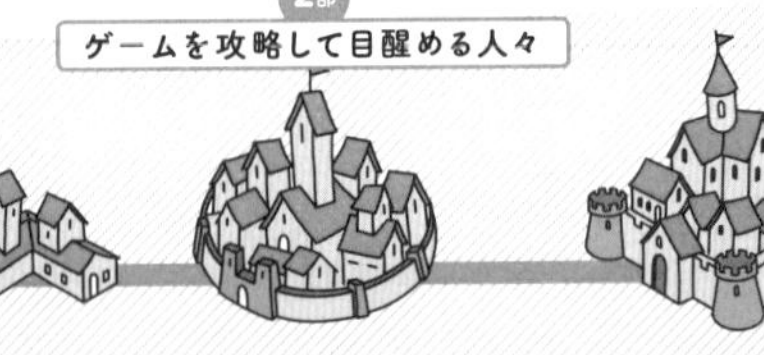

し、こう言った。

「しっかりして！　まだまだ私の人生、これからよ！　これから逆転するわよ！『不幸な女の涙の子守唄』の主演女優なんてやってられないわ。選ばれて、愛されて、もう困っちゃうくらいの、アンジェリーナ・ジョリーみたいな美しくて強い女になってやるのよ！　しっかりしなさい！　ミク！」

そう言うと、映像の中のミクに向かってガッツポーズをした。映像の中のミクは、泣きながら笑っていた。

ミクのそばでは、並木女史とウリエルが「全米が泣いた！」という的外れなくす玉を割って、大喜びしていた。

ミクはなんだか自分のことを誇らしく思った。自分のために勇気を出して選択をするなんて、初めてだったからだ。

◎目醒めると、見たいものが見えてくる

「置いていかないでほしかった」

これまで、彼に対して思ったことを言わなかったミクが、初めて自分の要望を言葉にした。そこに、彼の返事など必要がなかった。

ミクの心はすがすがしかった。

そして、強くなった気がした。

自分の本音を、自分の言葉で誰かに伝えたのは初めてだったかもしれない。言いたいことをきちんと言い、要望を伝えたあとに起きることは、どのような結果だろうと受け止められるのだとミクは知った。

そして、これまでの人生、恋愛に限らずすべてにおいて、選ばずに生きてきたことを実感したミクは、「これからは自分で選ぶ」「自分の人生を生きる」という覚悟を持って、理想の人生を生きる選択をしたのだった。

それからも、並木女史は相変わらず会社にいて、毎日ミクだけに話しかけてきた。

もしかしたら、この人は、まわりの人たちには見えていないのかもと思うくらい、自由に応接室にミクを呼び出したり、屋上に呼び出したりして、そのつど、ウリエルと一緒に夫婦（めおと）漫才のように騒いだ。

彼らと一緒にいると、自分はもうひとりじゃないという気持ちが湧いてきて、安心

感が増していくのだった。

この会社では、あと1か月で契約が終わることになっていた。

ミクは、久しぶりに実家に帰り、母親との時間を過ごした。

「今まで、派遣のままじゃダメよなんて、頭ごなしに言ってごめんなさいね」

夕食のあと、母親が突然そう言った。

「え……どうしたのお母さん」

「なんでもないけど、お母さん、ミクの人生を尊重するわ。そう言いたくなったの」

驚いたが、これもまたミクの選ぶ人生が変わったことによる作用なのだと、素直に受け入れることにした。

「うん、ありがとう。私、お母さんにずっと認めてもらいたかったし、褒められたかったんだと思う」

「あら……お母さん、そんなに褒めてなかったかしら？　あなたは私の大事な娘よ」

病気がちではあったが、母親は母親なりに、私に愛情を注いでくれていたのだと感じることができた。

さらに、その夜、子どものころの写真を見直してみると、母親との思い出がよみが

えってきた。どんなときも、母はミクを見守り、大事にしていた。父もまた単身赴任先から電話をかけてくれたり、お土産を買って帰ってきてくれていた。ささやかだが、あたたかい父と母の記憶が、まるで、新しく生まれたような感覚だった。

――いつも私だけが我慢をしている、なんて思い込んで、すねていたのかもしれないなあ、私。

そう思うと、自分がいじらしく、かわいらしく思えた。

派遣の契約が終わったら、ミクは実家に帰り、心理学やコーチングを学ぶことを決めた。ウリエルが私に教えてくれたように、目醒める人たちのサポートをしたいという思いが湧いてきたからだ。

――新しい夢、やりたいことがわかったから、また「どこでもドア」で、すでに活躍している自分に会いに行こう。

休憩時間に、ウリエルに会うために屋上へと向かった。

その日も空は青かった。

ウリエルは現れることはなかったが、その存在を身近に感じながらミクはこうつぶやいた。

「私は未来(ミク)。私の未来は、今この瞬間、私がつくる」

第3話

「鳴らない目覚まし時計」の罠

◎目醒めたはずなのに、現実が変わらないのはなぜ？

スピリチュアルのリーダーたちが、こぞって「二極化」について語り始めたのは、2015年くらいだっただろうか。

幸せと不幸の二極化が始まり、目醒める人だけが本当の幸せを手に入れられるとか。

その前から、引き寄せや精神世界の本は大いに流行(はや)っていて、たまたま書店でその1冊を手にした50代のハルはすっかりそれにハマってしまった。

「私はこれからすべての願いをかなえて、二極化の幸せなほうの人になる」

そう決めたときの心が震えるような感動と、人生が変わることへの高揚感に、アドレナリンが体をかけめぐったのを覚えている。

その後、スピリチュアル本を読みあさり、気になった何人かの講演に通い、瞑想(めいそう)をしたり、断捨離をしたり、宇宙に願いをオーダーして人生を変えようとしてきた。

――病気がちなことも、家族の問題も、きっと、これで解消できるわ！

そう思って期待を寄せた。

いくぶんかの効果はあった。実際に、願った小さなことを引き寄せたりもしたが、

しばらくすると現実は元に戻ってしまう。もっと頑張らなきゃ、という思いに駆られて、スピリチュアルの世界で散財するようになっていた。

あるセミナーの帰り道。

ハルは、とある看板に目が釘づけになった。それは、路地裏の占いの館の看板で、そこには「あなたのアセンションへのアドバイスをハイヤーセルフが行います」と書かれていた。

「こ！　これ！」

——アセンション！　ハイヤーセルフ！　これこそ宇宙のメッセージだわ。この道を通ったのは偶然じゃないわ。

ハルは迷わず、ビルの細い入り口をくぐり、エレベーターに乗り、占いの館のあるフロアへとたどり着いた。目の前には藤紫色のドアがあって『占い師ルヴェール並木の目醒め処』と書かれていた。

——ルヴェール！　目醒め処！　なんて素敵な響き！

インターホンを押そうとしたとき、「どうぞお入りください」と奥から声がした。

——私が来るのがわかったんだわ！　すごいわ！　これこそスピリチュアルだわ！

高鳴る胸を抑えながら、ハルは奥へと入っていった。

「どうぞお座りください」

ドアと同じ色合いの藤紫色の衣装を着た占い師が座っていた。

ベールをかぶっているので顔はよく見えない。

イスに座ると、その占い師が静かな口調でこう言った。

「今日はどんなご相談ですか？」

「私、今の地球の目醒めと共に目醒めたんです！」

「ふ――――ん。で？」

「え？　で？　え、ああ。だから、宇宙の流れに乗って、なんでも願いをかなえていくって、決めたんです。引き寄せの本もたくさん読んで、毎日良い言葉を使って、人生を変えていっているつもりなんです。宇宙は私の味方。でも、なかなか現実が変わらなくて」

「変わらない？」

「東京に出た2人の娘たちは相変わらずフラフラしていて、結婚もしないし、夫は単身赴任先から週末帰ってきても家でゴロゴロしているだけですし、息子は問題ばかり

起こしていて、母は、ずっと介護していた私よりも兄のことばかり大事にしていて、亡くなる最後まで『ありがとう』も言わなかったし、私、体調が悪いときも母の食事を作ってきたんですよ、それなのにこんな仕打ちってないでしょう。もう、こうなったらハイヤーセルフに良い言葉をもらってみんなを変えてもらわなくちゃ。なので、私をアセンションさせてください。ハイヤーセルフにどうしたらいいのか聞いてもらえませんか?」

一気にまくしたてたハルに向かって、占い師が静かにこう言った。

「それ、ただの、スピリチュアルごっこなのよ」

「え?」

「だ、か、ら!!!!」

占い師はベールを脱いで立ち上がると、建物が揺れるような大きな声でこう言った。

「あなた、目醒めてないのよ!!!! すんごく眠ってるのよ。猛烈に眠ってるの。いいかげん、本気なら目を醒ましなさい!!!!」

「は……」

あまりに驚いたハルはイスから転がり落ちそうになった。

その様子を涼しい顔で見る占い師。

「まったく。あなた、眠りが深くなりすぎて、目を醒ましたつもりで、まだ全然眠ったままじゃないの。目が醒める夢を見て、その夢に振り回されているだけよ」

「ええええ、そんなあ。私、毎日いろんなワークを実践してますし、毎日瞑想していますよ」

「だからそれは、瞑想じゃなくって、迷走よ！」

「うわ、ダジャレ。ひどい」

「うるさいわよ。人のせいで引き寄せが上手に起きないなんて言ってる時点で、地球のコントロールにまんまとやられちゃってるじゃない。ハイヤーセルフのメッセージ以前の問題よ」

「そんな……私、じゃあ、どうしたらいいんですか?」

「どうしたらもこうしたらもないわよ。これ全部、あなたのひとり芝居なんだから。コントよ、コント。『ひとりドリフの大爆笑』を見ているようなものよ」

「ひとり芝居?」

「そうよ。あなた、空回りなのよ。眠りすぎてて、何度も何度も、目を醒ました夢を見続けているじゃないの。どんだけ眠りのゲームが好きなのかしら」

「は?」

「とにかく! そろそろ、何か違うって気づいているし、飽きてるんでしょう? いいかげん、目を醒ましたら?」

ハルはしばらく黙っていたが、そのうちまるで子どものように泣き出した。

「なんでそんなこと言うの! 私だって頑張ってるのに。みんなが変わってくれない

から」

「だから、それよそれ。人を変えようとしているうちは眠りのゲームの中なんだってば。しょうがないわねえ」

ルベール並木は、ハルの目の前に、すずりと筆を置き、すずりにドボドボと墨汁を入れ、黒い下敷きの上に半紙をのせて「さあ、どうぞ」と言った。

「え？　いや、なんですかこれ」

「書き初めよ、もうお正月はだいぶ過ぎちゃったけれど、いやこのさい、季節なんてどうでもいいんだけど、とにかくそこに、しっかりと『目醒める』って書きなさい」

「……」

「目醒めないんならいいわ、私、目醒める人専用の占い師だから、帰ってくれる？」

「そんなあ。あ、あの、目醒めるって、どういうことなのでしょう？　私はまだ目醒めてなくて、でも、目醒めているつもりだった」

「目醒めているつもりと、本当に目醒めているかどうかは、現実が実際に望んだ状態に変わっていっているかどうかでわかります。これまで地球は、絶望とか苦しみを楽しむための、眠りのゲームだったのよ。外部からの影響を受けて振り回されて、泣い

たり叫んだり、我慢したり。それを体感するために、わざわざ眠ったわけ」

「そ、それは、本で読みました」

「人間もまた、目醒めるか、眠り続けるか、選択を迫られているわけ。目醒めると決めた人の魂は、目醒めた地球と共にこれからは愛と幸せだけを感じながら生きていく。目醒めないと決めた人の魂は目醒めなかった地球と共に、これからも外部からのコントロールのもとに眠り続け、苦悩と絶望を感じ続ける。まあ、どんな魂もいつかは必ず目醒めるわ。次の目醒めのタイミングは2万6千年後だけどね」

「2、2万……」

「今が目醒めの時期だというのは本当よ。だけど、あなたのようにト・ラ・ッ・プ・に引っかかる人がめちゃくちゃ多いのよ」

「トラップ?」

「そう。眠りから目醒めるには魂の葛藤を乗り越える必要があるの。だけど、自我（エゴ）の抵抗はなかなか強力だし賢いから、どうにかして目醒めさせないようにあの手この手をしかけてくるわけ。それが、エセスピリチュアルな情報だったり、目醒めたように見せかけて、さらにリアルに深い眠りに落ちていったりするパターンね」

5 この世ゲーム攻略法

ニセモノの存在に足をすくわれない

① 2012年から始まっていた地球の目醒め

第3話の主人公は、スピリチュアル好きな女性のハル。本当に深く眠ってしまっていますが、これはハルだけではなく、すべての人に言えることです。

今まで、地球上の人間たちは、全員眠っていました。眠るというのは、地球というシステムにコントロールされ、苦しみを味わいながら生きることです。

ハルは、前話のミク同様、見たい映画を選んで見ていたはずなのに、ストーリーの中に入り込みすぎて映画か現実かわからなくなり、映画のシナリオに振り回されている状態です。「目醒める」ということは、映画の中から抜け出して、スクリーンの外からその映画を眺められる状態になること。そうすれば、見ている世界がまさにイ

リュージョンで、つくりものだということがわかるはずです。そして、これまで見ていたホラー映画を、幸せな映画のフィルムに替えて楽しむことも可能になります。

地球が目醒めを決め、波動を上げている今、自然と地球にいる私たちの波動も上がって、映画の中から抜け出しつつあります。ここで「目醒める」と決めた人は、スクリーンにべったりと張りつき同化していた世界から、客観的に映画を見て存分に楽しむ世界へと実際に移行していきます。

この目醒めの兆しはすでに2012年の冬至から始まっていました。そして、目醒める魂と目醒めない魂に分かれつつあります。地球は今もぐんぐん波動を上げていて、目醒めの扉は目醒める魂を迎え入れていますが、**この扉が開かれているのは2021年の冬至までです。**

扉が閉まったら、次に開かれるのは2万6千年後。

ですから、目醒める魂は2021年の冬至までに目を醒ますこと、そして覚醒した地球と共に波動を上げていくことを決める必要があるのです。

これから目を醒ます人たちは、これまでとは違い、外部からの影響を受けずに自ら望む世界を生み出していくことになります。

それは、自らが創造主になる世界です。僕たちは、宇宙そのものであり、もともとは神であったことを思い出し、愛と調和の中で豊かな人生を体験することになるのです。

ここで目を醒まさなかった人は、より深い眠りの中で次の目醒めの時期まで、映画の中にどっぷりと浸かり、地球ならではの周波数である苦悩や悲しみを味わい尽くすことになります。

これは、ただの選択であり、そこに優劣はない、というのは何度もお伝えしたとおりです。

今回目醒めなかった魂も、次のタイミング、またはそれ以外のタイミングで必ず目を醒まします。永遠に苦悩を味わい続けることなどありませんが、まだ味わい尽くしたいと願う限り、眠りは続くことになります。これは宇宙の慈悲深さでもあります。

そして、この目醒めた人と目醒めなかった人は、同じ地球にいるように見えながら、違う次元を生きることになるので、関わることもなくなり、まるで互いがそこにいないかのような人生を歩むことになるでしょう。

偽の目醒めはどう見極める？

今は、目醒めへのゲートが開いていますが、魂はそのことに気づいていています。だからこそ、目醒めると決めた魂はスッとそのゲートを通り、今まさに地球と共に波動を上げていっている最中でしょう。

目醒めないと決めている魂は、ゲートが開いていることに気づかないフリをし、なかったことにして眠り続けるでしょう。

今は、過渡期だからこそ、この中間にいる魂がたくさんいます。

目醒めを決めると、自分がこれまで抱えていた暗闇の部分に光が当たります。地球上で体感してきた、苦しみや悲しみと向き合い、それを手放して統合する必要が出てくるため、無意識にそれを避けようとします。だからこそ「目醒めたいのに、なぜか現実が変わらない」ということが起きてくるわけです。

何が起きているのかというと、魂が闇に向き合うのを避けていることにより、目が醒めたことにして眠り続けさせようとしているのです。そう、まるで、夢の中で夢を見て、夢の中で目が覚めた状態を「目が醒めた」と勘違いしているようなものです。

「目が醒めた！」と歓喜しながら、実は眠り続けているわけです。

こういう魂は、スピリチュアルごっこにハマりがちです。実は目を醒ましていないスピリチュアルリーダーのもとに集い、目を醒ましたフリをして、実は全員が深い眠りに落ちていくわけです。当人たちは目を醒ましたつもりですから、目を醒ました夢を見続けますが、本当の目醒めにたどり着くことのないマトリックスの中に閉じ込められ、よりリアルな苦しみや悲しみを体感することになるかもしれません。

気をつけなくてはならないのは、情報です。

今回の目醒めには、情報社会のトラップがたくさんあります。

インターネットの情報やスピリチュアルリーダーたちの発信も、きちんと自分の魂のアンテナを張り、目醒めを意識して精査していく必要があります。もちろん、僕のものも含めてです。

有名だからとか、影響力があるからという理由でついていくのではなく、目醒めを決めた魂がしっくりくるかどうか、目を醒ます方向へと進んでいるのかどうかを確認しながら、メッセージを受け取っていく必要があります。

眠りの中でコントロールされている魂は、世界に広がっているメディアの主張をそ

のまま受け取り、自分の意見にしてしまう傾向があります。情報に怒りを感じたり、縛られているように感じたりするのであれば、あなたはまだ、偽のマトリックスの中にいます。

自分のエゴにいつまでも支配され、自分以外の人、情報、環境に影響を受け続け、現実が変わらないのであれば、あなたは目醒めてはいません。

自分の人生を人のせいにせず、100%責任を持っているかどうか。何が起きても人のせい、環境のせい、自分以外のせいにせずに自分がこの世界を生み出していると思えているかどうか。

それを確認してください。

もしも、自分以外の何かにコントロールされていると気づいたなら、そのマトリックスを抜け、改めて「目醒める」と決めることです。

目醒めを阻止する「偽りの存在」

「目醒める」。そう決めたとき、大きな力があなたの目醒めを邪魔しようとしてきま

す。目醒めを妨げる偽りの存在が、まるで目を醒ましたかのように感じられる世界にあなたを閉じ込め、さらに支配を強めようとするのです。

偽りの存在は、4次元よりも高い次元に存在していますが、彼らは本当の意味で目醒めていく存在ではありません。目醒めていく人たちが光の列車に乗って上の世界に登っていくのに対して、偽りの存在はそれとまったく同じに見える影の列車に乗っています。

そう、本物にそっくりなマトリックスをつくり出した偽りの存在は、巧妙な仮想現実の中で、深く深く眠っているにもかかわらず、目醒めたかのように感じるように設定し、強い力で目醒めを阻止しようとするのです。

彼らは、5次元の世界をも知っている存在ですから、ある意味進化している存在とも言えるのですが、向かう先は闇の世界です。

彼らは、支配者です。

支配者には支配される者が必要。彼らは4次元の魂が目醒めて、光の列車に乗って出ていってしまうことを非常に恐れています。闇のピラミッドの頂点に君臨するために、罪悪感や無価値感、怒りや恐れを使い、地球にいる魂が本来の自分と統合するの

を邪魔してきます。

目醒める、と決めたのに、世界が変わらない。

願っても願っても、悪いことが起きる。

するとだんだん「やっぱり自分には無理なのではないか」と思い始める。

……これは、偽りの存在たちがつくり出した闇のピラミッドの中にいる証拠とも言えます。彼らはこのリアルな偽りのマトリックスの中で「目醒めた」と思わせ、「夢から覚めた夢」を見たままの状態に魂をとどめておきたいのです。

でも、2020年春分、目醒めのゲートが開いてからは状況が一変しました。

地球自体が目醒めると決め、加速して波動を上げ続ける中、宇宙からは僕たち人類や地球の覚醒を促す強い光が降り注いでいます。

これは、真実を明かす光です。

偽りのマトリックスにいた人たちも「あれ？　これはニセモノかもしれない」「あ、私はまだ目醒めていなかった」と、真実の目醒めへと誘われているのです。

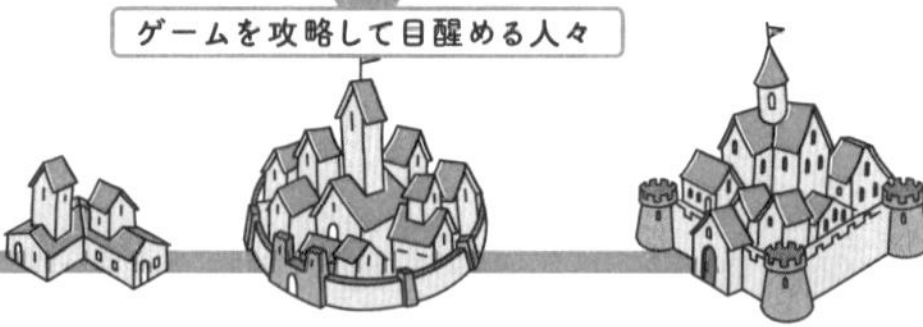

宇宙からの強い光に包まれて、世界中で、真実が露わになってきています。

この期間は地球上でさまざまな異変が続きます。

自然災害や火災、未知のウィルスなどもその一環。これまで隠されてきたさまざまな問題が、世界中で光にさらされますが、これは浄化のプロセスです。多くの魂が目醒め、地球が波動を上げていく中で、徐々に穏やかになっていきます。

これもまた二極化と言われる所以です。

まさに僕たちは今、分岐点に立っているのです。

２０２１年の冬至、目醒めると決めた魂たちを乗せた電車がホームから出発するまでの間は、何度でも、偽りの存在からの邪魔が入り、世界中で異常な現象は起きるでしょう。

だから、「目醒める」と決めた人たちは、自分が本当に目醒めの方向に向かっているのかを見つめながら、日々段階を踏んで、目醒めを深くしていく必要があるのです。

◎目醒めると「感覚」が変わる

「で、どうするの？　書くの？　書かないの？」

ルヴェール並木が、ハルに詰め寄っている。

ハルはゆっくりと筆をとった。

「手が震えちゃって書けない」

「それよそれ！　まさに、それが抵抗を表しているの。ほらね、嘘発見器みたいにプルプルしてるじゃない」

「う、嘘発見器って」

「あなた、目醒めたくないのよ。『起きなさーい』って言われて、『起きた起きた』と言って寝るやつよ。もはや、起きました詐欺ね！」

「起きました詐欺！　……でも、書けない。書きたいのに」

「書けないんじゃないわ、書かないのよ」

「なんでこんなに抵抗するんだろう、私」

「そりゃあそうでしょう。だって、これまでの人生を自分がつくり出していたなんて、

思いたくないでしょうから」

「はい……だけど、なぜだかわからないのですが、自分の人生、このまま暗いまま終わるという気がしないんです。自分の人生、必ず開けるっていう確信があって。でも、すべてが自分の責任だと言われると、苦しくなるし、怖いです」

「それよそれ！　あなた、闇のピラミッドの中に閉じ込められて、目醒めた夢を見せられているのよ。慣れ親しんだ苦しみを味わい続ける夢をね。苦しいけど、新しい世界に行くよりは安心なわけ。慣れてるからよ」

そう言われてハルは大きくため息をついた。

「慣れ親しんだ苦しみ……」

「そうよ。でも、十分に闇を味わい尽くしたら、もう飽きちゃわない？　だって、全部コントよ？　ドリフよ？　塔の扉は開いてるんだもの。なのにひとりで閉じ込められたって騒いでるんだから」

「苦しみに飽きる……そうですね。これから死ぬまでモヤモヤした人生を送るくらいなら、覚悟して自分の責任で生きたい」

「地球では、多くの魂が『本来の自分に還(かえ)りたい』『もう目を醒ます』って目醒めの

列車に乗り始めているわ。乗り換えのためのゲートはもう開いているの」

「わ、私、変わりたい」

「なら、このゲートの力を借りて、目を醒ますしかないのではないかしら？」

その言葉に覚悟したのか、ハルは筆に墨をつけて、ゆっくりと「目醒める」としたためた。書いてみると突如気が楽になった。

そして、一度飛んだバンジージャンプのように「あれ？　何を怖がっていたんだろう」という気持ちと、力が湧いてくるのがわかった。

「あら、顔つきが変わったわね。これまでは、簡単に目醒めると今までの苦しんだ自分がかわいそうだから、複雑な気持ちになっていただけよ。あなた、母親との間に、過去世でのトラウマがあって、目醒めを邪魔しているから、天使にお願いしてヒーリングするように伝えておくわ。今日はもう、帰っていいわよ。その書き初め、ちゃんと自分の部屋に飾っておいてね」

ルヴェール並木が指をパチンと鳴らすと、ハルは藤紫色の扉を背にして立っていた。

――え？　何？　今の。夢？

「あ、これ」

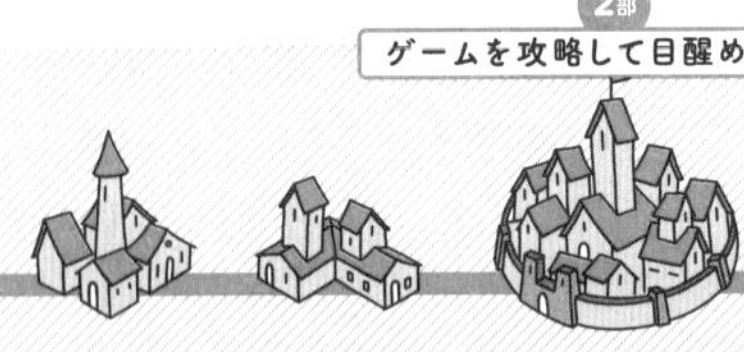

ハルの手には半紙がくるくると丸められて収まっていて、広げてみると「目醒める」と書かれていた。

「目醒める、か」

いろいろ思うところもあったが、今日は何も考えずにおこう、と、エレベーターに向かって歩き出した。帰り道、街並みが今までよりもリアルに見えた。目に映るものの色合いがはっきりとしていて、地に足がついているように感じた。

——これまで、「目醒めた」「私は変わった」と思っていたのは、アドレナリンが出て興奮していたり、フワフワした感覚になっていただけ。

ハルは改めてそう思った。

帰り道、歩道橋から、地平線に沈む太陽が見えた。今日は春分だ。

——夕陽を眺めたのはいつぶりだったろう。

家に帰ると、息子はまだ学校から帰ってきていなかった。

午前中のスピリチュアルセミナーに、午後のルヴェール並木にと、なんだか非常に濃い1日に、自分が疲れているのを感じた。いや、もしかしたらずっと疲れていたのに、それを感じられていなかったのかもしれない。ハルは、誰もいないダイニング

テーブルで、うとうとし始めた。

◎現実は何を教えてくれている？

「はーい！　やっと僕の出番ですね」
目を覚ますと、テーブルの上に、イルカが浮かんでいる。

「え……」
「はーい、大天使、ラファエルだよー」

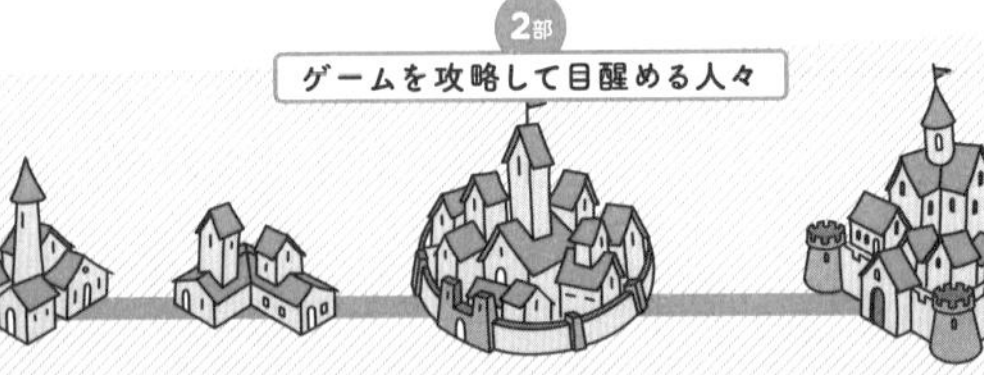

目の前のイルカが黒目をくりくりさせながらぷかぷか浮かんでいる。背中には羽、頭の上には天使の輪が見えた。

「て、天使？　……ってことは、私、ついに目醒めたのかしら？　いや、まさか死んじゃったわけじゃないわよね！」

「ちがうよー、夢の中だよー」

「あ、夢の中か……なんだ……え、でも、今私目を覚ましたのに？」

「そう、夢の中のようでいて、ハルの意識の中とも言えるね。それにしても、君、とっても疲れているね。僕は癒しの天使なんだ。お手伝いに来たんだよ」

「たしかに私は疲れているのかも。だって、息子は毎日のように問題を起こして帰ってくるし、夫は何も手伝ってくれないし……」

「そこ！　また人のせい。さっき、ルヴェールのところで決めたよね？　自分の外のもののせいにしないって」

「あ……え、なんで知ってるの？」

「いやだってこれ、君の夢だもん」

「そうか」

「ハルは目を醒ますと決めた。でも、これまでいろいろ苦労をさせられたと思っているぶん、『そんな簡単に幸せになってやるもんか』って思ってるよね。彼らが変わらない限り、私は幸せになんかならないって。それってさ、〝復讐〟だよね」

「ふ、復讐?」

「そう。盛大に、自分の足を引っ張っているんだよね。だけど、本当はそれは、ハルが何度も何度も地球に来てチャレンジしてきた課題を、やっと乗り越えるときが来たということだからね」

「課題?」

「うん。これから、君と君のお母さん、そして、君と君の息子との間に、いったい何が起きているのかを見せてあげる」

ラファエルはそう言うと、iPadを手渡した。

「え、iPad……?　なんでここだけ妙にリアルなの?」

「いいからいいから。再生ボタンを、押して」

再生を押すと、冒頭に5秒間の広告が流れる。すると、「あ、ちょっと待ってね」と、ラファエルが一時停止ボタンを押した。

「言い忘れてた。あのね、これから僕は君に、君の魂の記憶を見せて、君の魂が何度も繰り返すパターン、つまり君が幾度もの人生でクリアしようと挑んでいる〝課題〟を見せるよ。この世では『カルマ』とも呼ばれてるものだね」

「私の、カルマ！　いろんなセッションで見ました！」

「そう。でもね、これだけはおぼえていて。ホントはね、具体的にカルマが何なのか、繰り返す「課題」が何かが、正確にはわからなくても『私はこれを繰り返してしまうなぁ』って気づいているだけで十分なんだ。過去世を知らないと目醒められない、なんてことはないよ。さぁ、始まるよ」

過去世の鑑定に散々お金を投じてきたハルには耳が痛い言葉だったが、ラファエルは楽しそうに再生ボタンを押した。

「ＹｏｕＴｕｂｅチャンネル『ルヴェール並木の、目醒めへの喝！』へようこそ」

「天使がＹｏｕＴｕｂｅだなんて、時代よねぇ」

広告をスキップすると、どうやら本編らしき映像が流れ始めた。いつの間にか、ハルはその映像の中に入っていっていた。

それは、どこかの惑星のようだった。

月が2つある砂の星。ハルはその星の住人で、ドーム型の小さな家で暮らしていた。

家の中には、生まれたばかりの双子の赤ちゃんがいた。男の子と女の子だ。

——ああ、そうだ。ハルの恋人で、双子の父親は、違う星の人間で、私の元を去って行ったのだ。「いつか戻ってくる」と言いながら。

ハルは、当時の記憶を思い出していた。泣き止まない男の子をあやしているそのとき、突然他の星の男たちが現れて、泣き叫ぶ男の子を奪い、宇宙船で連れ去った。

子どもを失ってから、ハルは自暴自棄になり、精神を病んだ。唯一ハルの支えは、残った双子の片割れの女の子だった。

連れ去られたあと、男の子がどうなったのかもわからなかったが、ハルを救おうと考えた双子の娘は、兄を探すために星を後にした。そして、自分の父親が別の星の王の息子であり、兄が正統な王位継承者であったことを突き止め、母の元に戻ったが、母は衰弱してこの世を去った後だった。

そこで映像が途切れ、ハルはダイニングにいた。

「どうだった？」

とウリエル。

「どうって……」

「しっくりくる？」

「しっくり……きます」

ハルは幼いころ、両親の離婚によって父親に引き取られ、中学のときに父親が急逝するまで母親に会うことはなかった。やっと母親と暮らせるようになったが、先に母親に引き取られていた兄となじめず、母親にも甘えられずに育った。

ハルの母親が介護が必要になったときは、ハルが率先して面倒を見たが、母親が感謝の言葉を口にすることはなく、いつも、不平不満ばかりだった。

「あの……私はいったい、何をやり直そうとしているのでしょう」

ハルは真実をとらえつつあった。

「連れ去られた息子さんとは何度もこの地球の同じ時代に転生してきているんだよ。そして何度も引き裂かれてきたんだね。家族が一緒に過ごせるように頑張り続けること、それが、ハルがこの地球にやってきて味わいたかった努力だったんだよ。だけど

もう、目醒めのとき。もう、離れ離れにならなくっても大丈夫なんだから」

「でも、母はもう亡くなっていて……」

「そこにあった思いを、きちんと受け取ること。前世で引き裂かれた息子と、今世でもまた引き裂かれたけれど、最後まで看取ることでそれを取り戻そうとしたんでしょう？　ハルの母は、前世で助けてもらえなかった悲しみや絶望、怒りがあるから、ハルに対してあらゆる要求を突きつけようとしたわけだよ。もちろん、お互い無意識にだけどね」

「今世でも、精神的には、親子関係が逆だったわけですか」

「そう。だから、君は前世で助けられなかった負い目もあるから、どんな要求でも甘んじて受け、自分自身も病気になりながら、自分を罰していたんだ」

「なんか、わかる気がします。感覚で、ですけど」

「もちろん感覚でかまわないよ。その感覚が合っているから。それはそうと、息子さんを連れ去られた前世で一緒にいてくれた娘さんは、今世では誰だと思う？」

「え、今世……？　夫じゃないですよね。娘たちでもない気が。息子ですか？」

「そう。今世では息子さん。でも、過去世と同じく、君が死んでしまわないように自

分が手間をかけている。そうすれば、君の関心が、生きることや、自分に向いてくれるだろうと願っているんだ」

「そんな。息子は発達障害があって、学校でもたびたび不適応を起こして帰ってきて……ああ、それも私がこの世で頑張る理由をつくっていたわけですか」

「そうだね。彼は実は、家族への大きな愛を持っているんだ」

「大きな愛……」

「それにね、息子さんは地球が目醒めるのを手伝いに来た素晴らしいエネルギーを持った魂だよ。この地球で深い眠りに落ちている人には見えないけれど、彼らは、生まれながらに目が醒めた地球の周波数で生きているから」

「……そう思うとなんだか安心します。確かに、世間の目や、常識の中に息子を閉じ込めようとしていたのかもしれません」

「ハルがこれから、本当に目醒めを選び、自分の行動に責任を持つようになれば、息子さんはどんどん癒されて、自由に生きていくことができるよ」

その言葉を聞いて、ハルは心底ホッとしていた。

「それからハルの夫だけど、彼は、とても寂しい思いをしていると思うよ」

「夫ですか？　夫は、単身赴任で、ひとりで気楽にやっているように思います。全然赴任先から帰ってきませんし。家族のことなんてどうでもいいんだと思うんですが」

「しっかり真実を見てみて。ハルは、前世の課題に引っ張られすぎているから、夫にはまったく関心が持てなかったよね？　それに、夫のせいにはするけれど、夫に頼ろうとすることもなかったんじゃない？」

「確かに……ということは、夫は、家の中に居場所がないと思っていたということでしょうか？」

「そういうことになるね。物事っていうのは、見えているままよりも、もっと深いところに真実があるんだよ。真実に、光を当てて見ないとね。でも、まずは、君に必要なのは癒しだよ。自分でできるヒーリングのワークを僕がこれから教えるね。絶対毎日やってみて！」

6 この世ゲーム攻略法

不調を癒し、心身を整える

① 子どもへの癒しは、祈り、光で包むだけ

お子さんのことで悩みがあるという人にまずやっていただきたいのは、**子どもの個性を丸ごと認め受け入れることを決める**、ということです。

僕たちという存在は、生まれてきただけで丸ごと容認され、愛される存在です。

さらに、子どもは地球に降りてきた崇高な魂。今世、たまたまあなたの子どもとして生まれたのであって、自分の所有物ではないことを改めて肝に銘じましょう。

周囲に迎合できない子どもたちは、地球の深い眠りに落ちることなく、社会のコントロールから逃れた強く光り輝く魂でもあります。このような魂は、目醒めのタイミ

ングに合わせて地球に生まれてきます。

子どもと接するときは、「他の子たちと同じようにできない」ことや、「問題行動が多い」ということに意識を向けるのではなく、まずは、信頼の目で見守ってあげてください。

あなた自身が不安の目で子どもを見ていると、不安の要素がどんどん引き出されるような体験をするでしょう。でも、信頼の目で見守ることができれば、子どもは信頼されている安心感の中、自由に自分を表現できるようになります。

「意識」は焦点を当てたものを拡大するという作用を持っています。ですから、「信頼」に焦点を当てればそれが見えてくるようになるのです。

子どものことが心配になったら、直接口を出すのではなく、その子が目の前にいればじっと見つめ、いなければ姿を目の前にイメージします。そして、その子どもを、マゼンタピンクでキラキラと輝くシャボン玉ですっぽりと覆ってみてください。

このマゼンタピンクの光は、さまざまなポジティブな変化をもたらします。また、安全を願うなら金色の光で包むとよいでしょう。金色は、非常に波動が高いので、守護に適しています。1日に数度、このワークをやることで、子どもを守りの光で包み

込むことになります。

この光で包むワークは、自分自身や家族、友人など、誰にでも使うことができます。ネガティブな波動の影響から身を守り、ポジティブな結果へと導いてくれるはずです。

また、疲れているときや体調が悪いとき、病気のときは、エメラルドグリーンの光で包んでみてください。そして、病気や体調不良がその光の中で癒され、元気を取り戻す様子をイメージしてみましょう。

病気は、「本来の自分」から離れることでも生まれる

あなたが本来の自分で生きているかどうかは、あなたが今、健康であるかどうかでも見分けることができます。

もちろん、病気はさまざまな気づきをもたらし、学びを与えてくれるものでもあり、一概には言えない部分もありますが、**精神的に病んでいたり、病気にかかったりするということは、本来の自分、つまりハイヤーセルフが「本来のあなたからずれた生き方をしていますよ」と教えてくれているようなものです。**

最初は小さなサイン、たとえば、今自分のいる場所が居心地悪いと感じたり、していることに違和感があったりする程度ですが、そのサインを見逃したり、見なかったフリをして、自分の人生を自分の力で生きていくと決めないままでいると、本来の自分から離れ続けることで、やがて精神を病み、体は病気になります。

サインを出しても出しても気づかない場合は、突然倒れたり、事故にあって会社をやめざるをえなくなるなどの大きなことを起こします。つまり、強制終了をかけて、自分と向き合うように仕向けるのです。

病は気からと言いますが、**本来の自分に目醒めれば、病気すらしなくなっていきます。**だから、もし今あなたが体調不良や精神的な疲労を感じているとしたら、本当の自分の人生を生きると決め、波動を上げることです。

幸い、地球は目醒めることを決め、どんどん波動を上げていっていますから、地球の波動に同調することによっても健康は手に入るでしょう。

何より、本来の自分からのサインに耳を傾けるようにしてください。

居心地が悪い、違和感がある、などはそのサインですから、反対に、どこにいたら居心地がよいのか、何をしているとしっくりくるのかに意識を向けていけば、だんだ

ん本当の自分、つまり、ハイヤーセルフと一致し、あなたは自然と癒され元気を取り戻していくことになるでしょう。

自分をヒーリングし、波動を調整する方法

ここから、心身をいやす、自分自身でできるヒーリング法をお伝えします。

まずは、体のエネルギーを目醒めさせる準備から始めましょう。

このワークをやるときには、癒しの天使であるラファエルを呼んでください。

「癒しの大天使、ラファエル、私が行うヒーリングをサポートしてください」と言葉にすると、ラファエルがあなたのもとへ来て、あなたを癒すためのベストなチームを構成します。

ベッドやヨガマットなどの上で横になります。

軽く目を閉じて深呼吸を数回繰り返し、体の力を抜いてリラックスしてください。

次に、自分自身と周囲の空間が紫色の変容の炎で包まれていることをイメージします。冷たく、心地のよい炎は、浄化の炎です。これは、ヒーリングに最適な「場」を

つくるためのものです。

・体のエネルギーを目醒めさせる準備

まず、意識を右足に集中し、右足の指先から息を吸うイメージをします。その息が頭まで上がってくるのを感じたら、今度は、左足の指先から吐き出すイメージをします。これを3回行います。

次に、左手に意識を向けて、左手の指先から息を吸うイメージで、その息を喉を通して、右手の指先から吐き出します。これも3回繰り返します。

最後に、深呼吸しながら、エネルギーが頭から両手の先、そして足先へとスムーズに流れていくのを感じましょう。これで、準備完了です。

肉体を取り巻く「エネルギー体」の整え方

さて、僕たちは肉体だけの存在ではなく、それを取り巻くように「エネルギー体」が存在しています。**エネルギー体は、肉体のまわりに、感情体、精神体、霊体、の**

順に存在し、私たちを生かしています。これらのエネルギーの状態をひとつひとつチェックし、また整える方法をお伝えします。

・感情体を整える

まずは感情を司る感情体からです。感情体は、肉体からもっとも近い層です。みぞおちのあたりにソフトボール大の黄色い光の球をイメージしてください。深呼吸をするたびにその光の球が大きくなり、体の外側にまで広がり、自分の体を1メートルほどの半径で包み込むのを感じてください。

この黄色い球の表面は、繊維状になっていて、あなたの感情を司っています。繊維が切れたり、すり減ったりしているところはないでしょうか。傷んでいるところがあったり、穴が開いていたりすると感じるのであれば、イメージの中で、手で撫(な)でるようにしながら、切れ目がつながったり、穴がふさがったりするのを見ることで修復していきます。

・精神体を整える

次に感情体のひとつ外側にある精神体を見ていきましょう。意識をみぞおちから、胸のあたりに移します。胸の中央に緑色に輝く光の球があるのをイメージします。深呼吸をするたびに緑色の光が大きくなり、体の外側1メートルの範囲にその光を広げていってください。自分が緑色の光に包まれているのを感じたら、その光が徐々にレインボーカラーに変化するのを感じてみてください。

精神体が健康を取り戻すとレインボーカラーに変わるのです。

・霊体を整える

最後に、霊体を整えます。あなたは川の真ん中に横たわっていて、川が流れているのを感じています。その川には青白い光が流れています。流れは、足先から頭に向かっていて、あなたを浄化していきます。この流れの中にいる自分をイメージしたとき、流れが滞っていたり、何か黒い闇のようなものが体にくっついて流れを妨げているような気がしたら、それを自分の手で剝がして、「よろしくお願いします」と、癒しのチームに渡してください。ラファエルをはじめとする天使たちが、その闇を癒し

ます。闇は光の流れとなってまたあなたに戻ってきます。

・チャクラのバランスを整える

次にチャクラのバランスを整えます。チャクラとは、身体に点在しているエネルギーポイントで、人生の流れや心身の健康状態にも深く結びついています。

このチャクラが詰まっていたり、バランスが乱れていると、体調不良や精神状態にも影響を与え、人生の流れも滞ります。

チャクラは実は多数存在しているのですが、主要な7つのチャクラを整えることで他も整っていきます。

7つのチャクラにはそれぞれ色があります。

第1チャクラから第7チャクラまで、整え方は同じです。

第1チャクラは会陰のあたりに、ソフトボールほどの大きさの赤い光の球があるのをイメージして深呼吸をしましょう。その光の球が、時計回りに回転するのを感じてください。徐々に回転速度を上げながら、輝きを増していくのを感じてください。

それを感じられたら、同様に、おへそは橙、みぞおちは黄色、胸は緑、喉は青、額は紫、頭頂は白い光で同様のプロセスを行っていきましょう。

すべて終わったら、チャクラ全体のバランスを整えるために、頭から足先へ向けて、白い光が抜けるように流れるのをイメージしましょう。このとき、心の中で「完全なバランスが実現する」と宣言してください。

ここまで終わったら、天使たちにあなたの全身のエネルギーフィールドを調整してくれるようにお願いしましょう。たくさんの天使が現れて、あなたの体を頭から足先に向かってやさしく撫でながら、整えてくれるのを感じてください。

整ったエネルギーフィールドを感じながら、癒された感覚を味わい、安らぎを感じてみてください。十分に癒されたと感じられたら、天使にお礼を言って体を起こすか、そのまま眠りにつきましょう。

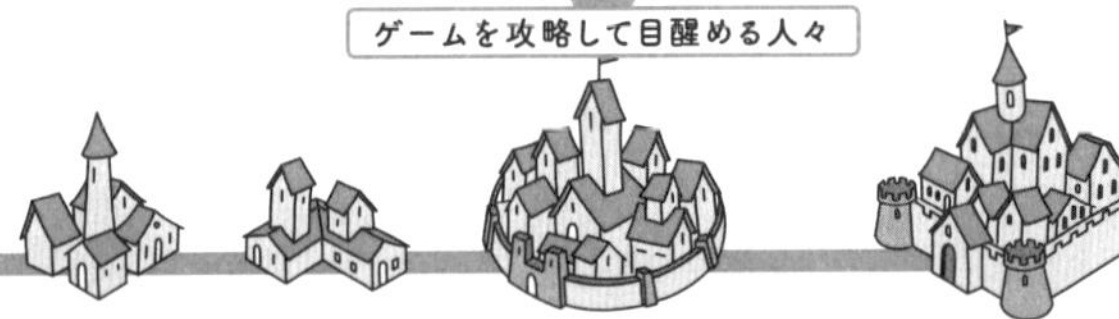

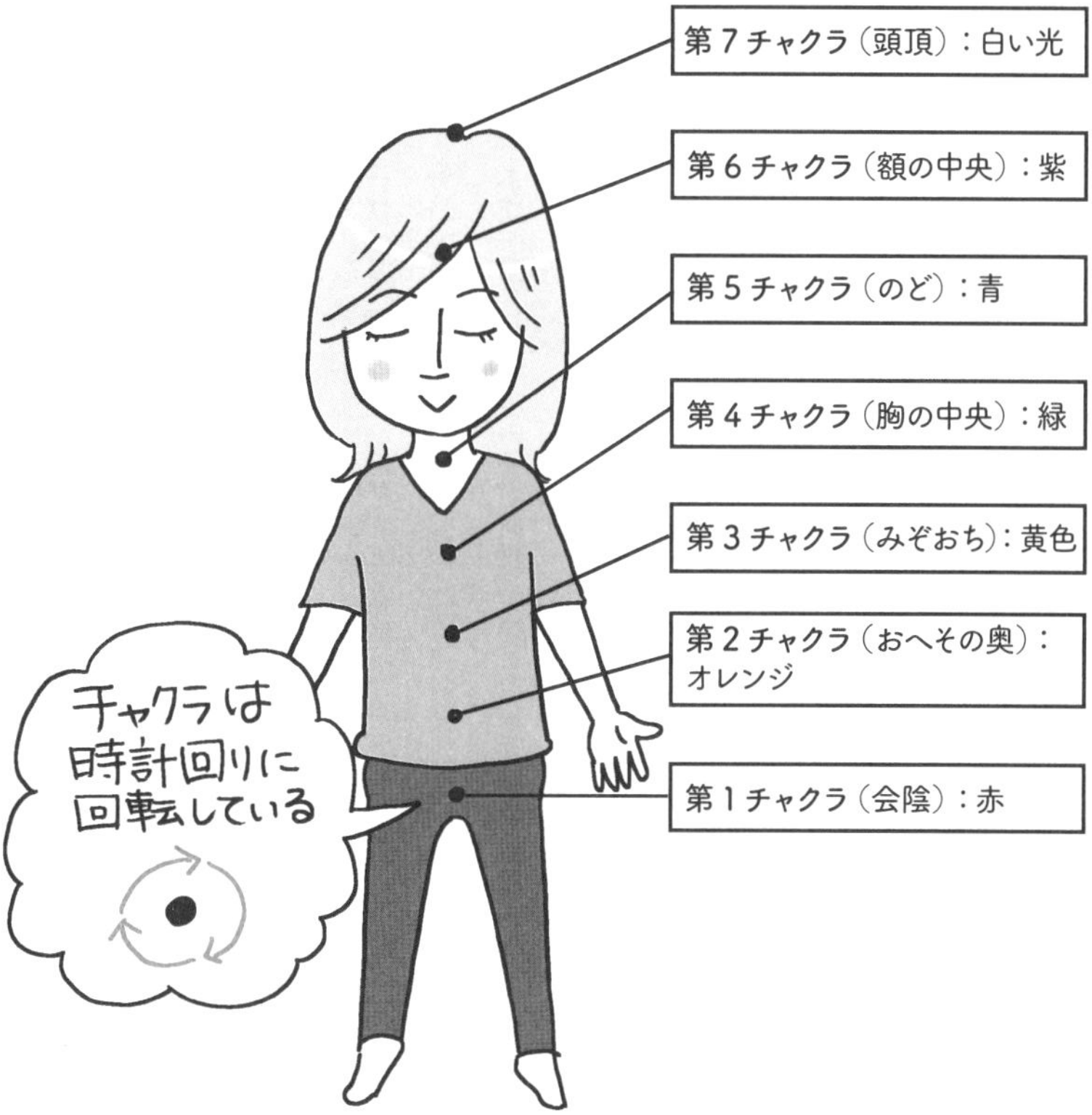

第７チャクラ（頭頂）：白い光

第６チャクラ（額の中央）：紫

第５チャクラ（のど）：青

第４チャクラ（胸の中央）：緑

第３チャクラ（みぞおち）：黄色

第２チャクラ（おへその奥）：オレンジ

第１チャクラ（会陰）：赤

チャクラは時計回りに回転している

◎マゼンタピンクの〝光の玉〟で包み込む

気づくと夕方になっていた。

「今度は、目が覚めたのかしら私」

ダイニングテーブルに突っ伏して眠っていたハルだったが、なぜか体が楽になっているのを感じていた。頭もずいぶんスッキリしていた。

何より、見ていた夢があまりにもリアルで、あれが夢だったのかどうかわからないほどに鮮明な体験として体にも心にも残っていた。

――そろそろ光星（こうせい）が帰ってくるころだ。

息子のために夕食の準備をしなくては、と思ったが、その前に、夢の中で天使が教えてくれたワークをやってみることにした。

目の前にイメージした光星をマゼンタピンクの光のシャボン玉で包み込むと、こう伝えてみた。

「お母さん、もう、いなくなろうとしないからね。必死で引き留めようとしなくても大丈夫だからね」

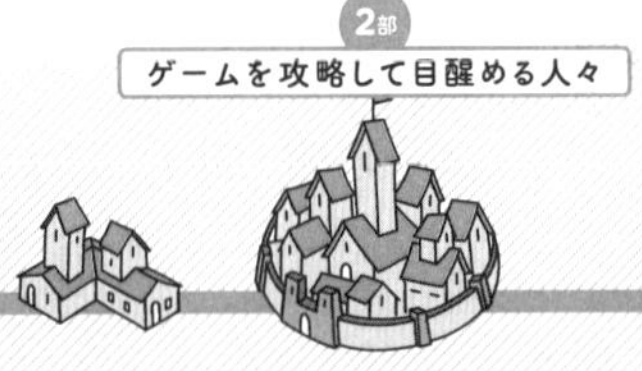

それは、夢の中で見た、前世の娘へのメッセージでもあった。

「ただいま」

息子が帰ってきた。

「おかえり」

ハルは一言だけ返事をし、夕食の準備にとりかかった。

これまでは「今日は人に迷惑をかけなかったのか」「学校ではちゃんと過ごせたのか」といちいち確認するような母親だった。

でも、息子が光に包まれた存在であり、自分をこの世にとどめ、守ろうとしてくれていたと気づいた今、息子がそこにいてくれるだけでただひたすら愛しいと思えた。

そして心の中でもう一度、息子に向かってこう語りかけた。

――お母さんは、大丈夫。ここにいるからね。自分の足で立って、ちゃんと生きていけるから。あなたももう、自由に自分らしく目醒めて生きていっていいんだよ。

息子は、いつもどおりに自室に引きこもり、自室で夕食をとった。

しかし、いつもと違ったのは食べ終わった食器を自分でキッチンのシンクまで下げ、ひとこと「ごちそうさま」と言ったことだった。

――息子を全面的に信頼しよう。

そのとき、ハルはそう思った。

同時に、自分の人生を、自分の責任で生きることを改めて決意したのだった。

◎意識が変わると、現実は勝手に変わっていく

それから数週間で、ハルを取り巻く環境が少しずつ変わっていった。

目に見えて変わったことは多くなかったのだが、息子との空気感、家の中の雰囲気、何よりも、ハルの心持ちが変わっていた。

毎日ラファエルに教わったとおり自分を癒し、整え、そして、過去や人のせいにすることをやめた。

母親の墓参りに出かけて、母に向かってこう宣言した。

「前世で言えなかったたくさんのわがままを言ってくれてありがとう。一緒に過ごさせてくれてありがとう。だけど、私は今世、あなたの母ではなく娘です。これからは、母であるあなたや、ご先祖様の応援を受け取って、私は私の人生を生きます」

母の墓は高台にあったから、そこからは沈んでいく夕陽がきれいに見えた。

ハルは、夕陽を見ながら思い出した。

――そういえば……

――私の名前は、母がつけてくれたものだった。太陽のように、すべてを照らす、明るくて光り輝く子になりますようにって……。

ハルは、自分の心が夕陽に照らされてほんわりと温かくなるのを感じていた。

不思議な連鎖が起こり始めた。

最近はさっぱり音信不通だった2人の娘から、立て続けに電話が入り、近況を聞くこともできた。

「私ね、自分がやりたことを見つけたから、これから頑張ってみる」

正社員にならずに派遣でなんとなく働いていた長女が、夢について力強く語り、次女は「今度、彼氏と一緒に帰るね」と言った。

息子のことと自分の病気のことばかりで、じっくり向き合えなかった上の2人の娘たち。

「お母さん、応援するわよ」

心の底からそう伝えることができて、ハルは自分のことが誇らしくなった。

これまでいろいろと口を出し、うっとうしがられていたが、息子と同じように娘たちにも、光で包むワークを毎日続けていたから、「娘の人生は娘たちのもの」と線を引き、信頼することができていることに気づいた。

しばらくしてハルの兄から連絡があった。

「家の片づけをしていたら、母の日記を見つけたから持っていくよ」と届けに来た兄は「いろいろ任せっきりにして悪かった。母さんのこと、最後まで見てくれてありがとう」と思いがけない言葉をくれた。兄との距離も少し縮まった気がした。

母の日記は介護中のもので、ハルがしてくれたこと、ハルへの思いが書き記されていた。

「娘がつきっきりで看病してくれている。娘も病気がちだというのに親として情けない。どうしても娘に素直に『ありがとう』が言えない。口を開けば悪態をついてしまうし、わがままを言ってしまう」と、感謝や葛藤、娘への心配の思いが綴（つづ）られていて、それを読んだとき、母もまた過去世の課題を引きずりながらも、愛情を持ってくれて

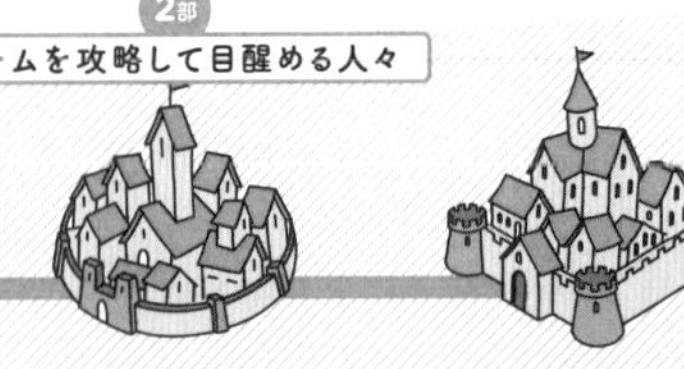

いたのだとわかった。

また、別のページには、「お墓を買った。夕陽が見える場所に」と書かれていた。

――私は愛されていた。あれが、母の精一杯だった。彼女は確かに私の母だった。

ハルは、心が温まっていくのを感じた。


ハルのスピリチュアル好きは相変わらずだったが、「願うだけでなんでも引き寄せられます」と言うスピリチュアリストには関心が向かなくなっていた。

代わりに、厳しいことをまっすぐに言ってくれる、あのルヴェール並木のようなスピリチュアルカウンセラーを見つけて、セミナーに参加してみることにした。


並木良一講演会。

そう書かれた講演会場には、本当に多くの人たちが集まっていた。

――あの占い師もそういえば、並木だったわよね。

そんなことを思いながら、ハルは会場の後ろのほうの席に座った。以前であれば、登壇する彼らの目につく一番前の席に陣取り、声をかけてもらうことにすべてをかけ

ていたが、今のハルは、自分に必要な情報を得て、より自分が目醒めるための具体的な方法が知りたかった。

段上に現れた並木良一は、なぜか、あの占い師にそっくりだった。

驚いていると、隣の席には、いつの間にかルヴェール並木が座っていて、「あら、あなたも今日、弟の講演会に来たのね」と言った。

「お、お、弟⁉」

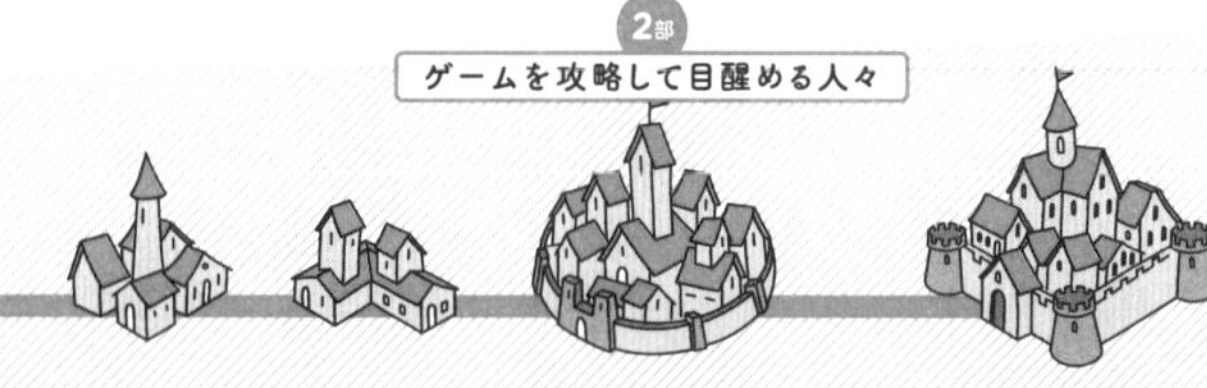

コントか、夢のような展開だったが、ここ数週間に起きた変化を振り返れば、目醒めた地球では、自分の思い描くままに、なんでも起きるとわかってきていたから、「ああ、これも私が思い描いた現実かあ」と素直に受け止めることができた。

並木良一はルヴェール並木と同じく、辛口で、「目醒めるか、眠り続けるかは、あなたの選択だ」と一貫して話していた。

「起きないっていうんだったら、それはそれでいいの。起きたいのに起きられないっていうなら、目を醒ますと決めて、覚悟しないと」

印象に残ったのは、時間の概念と、自己実現への道しるべだった。

時の流れすら自在に操る

① 時間という概念は幻想。いつまでも若々しくいられる

前述しましたが、本来、宇宙には時間の概念はありません。

なぜなら、過去も、現在も、未来も、それらは同時に存在していて、しかも、選択の数、想像できる数だけ、時空は無限に存在しているからです。

過去は変えられないと思って落ち込む人がいますが、記憶とは単なる映像であって真実ではありません。今の自分の波動に合わせて、原因をつくり出し、過去の何かのせいにしているだけです。

また、人は自分の可能性を考えるとき「年齢的に難しい」とか「時間がない」というふうに制限しがち。この制限もまた、古い地球のコントロールに支配された状態で

す。年のせいにしようとするから、年をとるのです。

あなたが「もう年だから、あれはできない」と言ったとたん、あなたは年をとり、やりたかったことはできなくなり、より深い闇に包まれることになります。本来年齢など意識していなかった脳が、「ああ、そうなの。私、もう年なのね、了解」と、肉体的にも年をとらせ、老いていくのです。

ほら、そうすることで、あなたは目を醒ますことなく、眠ったまま想像どおりの老後を過ごすことになりますね。

「それは嫌だ」と心の底から思い、「本来の自分を生きる」と目醒めることを決めたのであれば、もう年齢による制限について考えるのはやめ、年齢をカウントすることすら忘れてしまいましょう。

実際に、好きなことに邁進し、キラキラと輝いている人がどんどん若返っていく姿を見たことはありませんか？ **目醒めた人は、起きているすべては自分が起こしているのだと気づいていますから、老化すらゆるやかにしてしまいます。**「ワクワク」し「ドキドキ」し、好きなことに邁進しているとき、実際に体感する時間は止まっているのです。

好きなことに夢中になっているとき、気づいたらあっという間に時間が過ぎていたということがあるでしょう？　そのとき、その人にとっては本当に一瞬しか時間は過ぎていないのです。つまり、目を醒まして自在に生きているとき、人は時間を感じず、実際に年をとりません。

だからこそ、本来の自分に戻れば老化も遅くなるわけです。

反対に、地球上で自分が望まないことばかりに囚われ、やりたくない苦労を背負っている人があっという間に老けてしまうことってありますよね。**嫌なことをやっているとき、時間の長さが3倍にも5倍にも感じることがありますが、これは時間の経過を早くたどってしまうこと。そのぶん疲れ果てて、3倍も5倍も早く老化していくことになるのです。**

いつまでも、若々しく輝いている秘訣は、ズバリ、好きなこと、ワクワクすることを追いかけて自分の人生に責任を持ち、自分を幸せにしていくことなのです。

もし自分の中に、年齢やその他の制限によって「それは無理だよね」という意識が浮かんできたら、自分に対してこう問いかけてみてください。

「え？　そうなの？　無理って誰が決めたの？」

本当の「パワースポット」では細胞が若返る

ここでお伝えするパワースポットとは、世間で有名なパワースポットのことではありません。自分が身を置いてエネルギーチャージできると感じられる、自然との交流を意味します。

自然に親しむ時間を持つことは、そのまま、地球の上昇するエネルギーに同調し、そのエネルギーを吸収し、自分自身の次元上昇を促すことにつながります。

自分が心地よいと思える自然の中に身を置き、気がすむまで過ごすだけでも、エネルギーチャージできます。

大きな木など、地球に息づく生命からパワーをいただくワークもおすすめですが、その場合は、木々に、「触ってもいいですか?」と心の中で許可を得るようにしてください。そのとき、良い感じや温かい感じがすれば、それは、木々からのOKのサイン。冷たい感じや反発する感じがあれば、それは、NOのサインです。

許可が下りた木に触れることで、癒しやエネルギーを受け取ることができます。

特に何百年も地球で過ごした大樹は、多くの情報や癒しの力を持っています。地球

の中心にまでエネルギーの根を下ろしていて、あなたが今の地球にグラウンディングし、アセンションする地球の周波数に同調することを手伝ってくれるでしょう。

また、「今の私に必要なことを教えて」「どう行動すればいいのか教えて」というように、質問を投げることで、今必要なことを教えてくれるかもしれません。大自然を生きる存在たちも、あなたの道をサポートするガイドであると考え、尊敬の念を持って接してみてください。

森や河原、草花が咲き誇る場所に身を置くこともおすすめですが、手つかずの自然の中には自然界の精霊や妖精たちがたくさん住んでいます。

だから、こういった場所に入るときも、自然界の住人たちに許可をとり、エネルギーをいただくようにしてください。

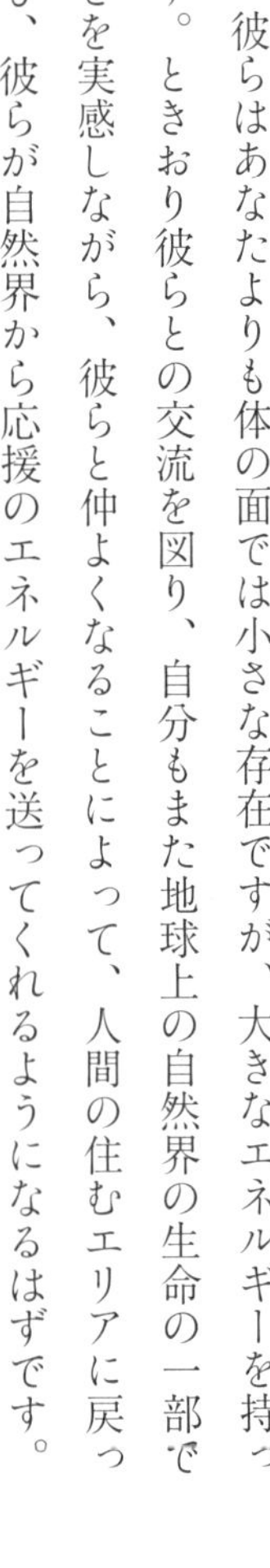

彼らもまた、あなたのまわりを飛び回りながら、今の地球について教えてくれるでしょう。彼らはあなたよりも体の面では小さな存在ですが、大きなエネルギーを持っています。ときおり彼らとの交流を図り、自分もまた地球上の自然界の生命の一部であることを実感しながら、彼らと仲よくなることによって、人間の住むエリアに戻ったときも、彼らが自然界から応援のエネルギーを送ってくれるようになるはずです。

デジタルな生活に疲れたり、ネガティブな思考に囚われたり、人間関係で疲れ果てているときは、大地の上で仰向けになってみましょう。**ネガティブなエネルギーは背中や脊柱に溜まりますから、仰向けになって、背中から地球へと、そのエネルギーが黒い煙となって吸い込まれていくところをイメージしてみてください。**やがて、ネガティブなエネルギーは地球の光のエネルギーで浄化され、あなたのところに戻ってくるはずです。

自然との交流によって、僕たちはいつでも大きなエネルギーを受け取ることができます。常に、感謝の気持ちを持ちながら、交流を楽しんでみてください。

3 心の「石板」に書く言葉が人生を変えていく

人はそれぞれ、自分の信念体系を持って生きています。

以前、僕は目醒めへのステップの過程にあったある時、自分の信念体系が、自分の中の〝石板〟いっぱいに、自分の手書きの文字で、書かれているビジョンがはっきりと見えたことがありました。

それは、驚くほどびっしりと、たくさん書きこまれていました。

つまり、人は「こういうことを体験したい」と自分で決めたときに、それを忘れないように石板にしっかりと刻み、ずっと抱え続けているわけです。

だから、物事がうまくいかない、仕事が続かない、人との関係がうまくいかない、家族間でもめる、お金が手に入らない、というようなことも、実は書き記された自分の信念体系ゆえなのです。

だからこの石板を自分の内側から引き出して、書き直す。そうすることで、人生の流れが変わるのです。

・信念体系を書き換える「石板ワーク」

まずは、自分の中で変えたいと思っていること、現実世界において引っかかっていることをひとつ選んでください。健康、パートナーシップ、親子関係、子どものこと、仕事の悩み、お金の問題など。どれかひとつに絞りましょう。

決まったら、軽く目を閉じて、自分の胸の中に意識を向けてください。

胸に軽く手を当てて、自分の中に石板があるのをイメージしてください。それは

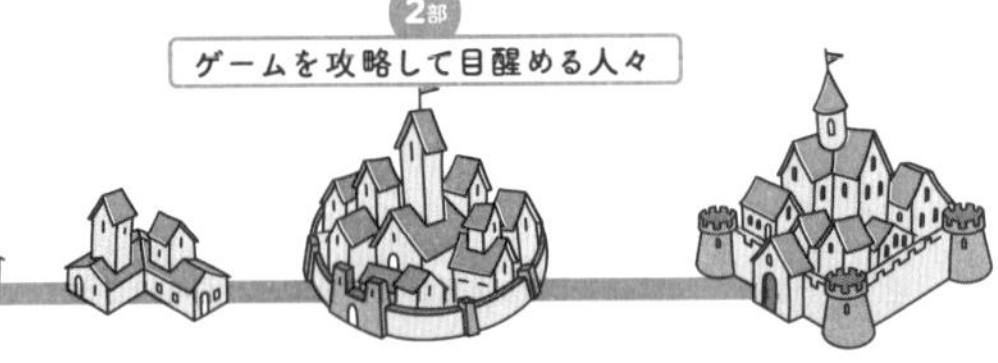

真っ黒い鉄製の石板のようなものです。そこには、あなたが今選んだ変えたいと思うテーマについて、どのような信念体系を持っているのか、あなたの手書きの文字でしっかりと書かれています。心の目でそれを見てください。

人間関係に悩んでいる人の場合は、たとえば「私は集団にはなじめない」かもしれないし、「人は私に危害を加える」というようなことかもしれません。母子関係であれば、「私は母親よりも幸せになってはならない」とか、「お金がなくて苦労した母親よりもお金持ちになってはいけない」という決意かもしれません。夫や恋人については「パートナーシップでは苦労がつきもの」とか、「私はどうせ捨てられる」ということであったりするかもしれません。

書いてある文字に意識を向け、見つけたら、目を開けます。

あなたが胸に押し当てている両手は、強力な磁石になっています。目を開けたまま、磁石の手を使って石板を引き出し、体から出てくるのを感じてください。厚みのある石板が目の前に出てきます。それはものすごく厚い石板です。

改めて、そこに書かれている自分の信念体系を確認してください。

そして、その石板を、宇宙の彼方に向けて、ポン、と手放してください。そうする

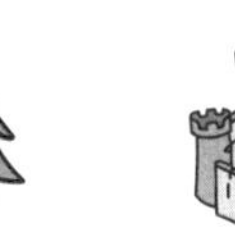

と、石板は瞬く間に黒い粒子となって、宇宙の彼方に吸い込まれていき、そこできれいに浄化されます。

しばらくすると、手放した粒子が、光の粒子になって戻ってきます。それが、あなたの手元に光の石板になって現れるのを見てください。そして軽やかな光の石板に、以前持っていたネガティブな信念体系と真逆のポジティブなことを書いてください。

「私は、集団の中で守られ、助けられ、大切に扱われて笑顔でいられる」

「私は、母親に関係なく幸せになり、豊かになることができる」

「私は、夫といると愛があふれてくる」

というような感じです。いくつでも、思いつく限り書き込んでみてください。これはあなたの細胞の中に設定されますので、覚えている必要はありません。

書き込んだら、最後に「……」の項目をつけます。

「私は……」

この「……」の中には、あなたが今思いつかないようなポジティブな信念体系が書き込まれると意図します。すると、変えたいと思うテーマすべてが、ポジティブな信念に置き換わるのです。

書き終えたら、吸う息と共に石板が自分の体の中に入っていくのを感じてください。

それから、深呼吸をひとつ。石板が光の粒子になって、全身に広がります。

頭の先から両肩、両腕、両手の先を通り、両足の先まで細胞のひとつひとつに、この光のエネルギーが満ちていきます。そして、自分が望む変化を体験しているのを、喜びやワクワクを体感しながら想像してみてください。


これで、あなたはこれから、新しい信念体系で生きていくことができます。

このようにして、さまざまなテーマで、古い信念体系を手放し、新しい信念体系を手に入れてください。

◎ひとりが変われば、周囲が変わっていく

それからのハルは、並木良一に習った石板に新しい人生の信念体系を書くワークを何度も何度も繰り返した。

やがて、身も心も回復しエネルギーがあふれてくるのを感じるようになっていた。今の地球で、心ゆくまで自分の人生を楽しんでいいのだという許可を、自分自身に出せるようになっていった。

光のワークも変わらず毎日行った。

マゼンタピンクの光で息子を包み「愛してるよ。大丈夫だよ」と伝え、東京で働く夫や娘たちにも、その光を届けるワークを繰り返した。

そうしているうちに、自分の人生は本当に豊かなのだと思えてきた。

同時に、今までどれだけ人のせいにし、気に病み、不調を呼び込んでいたのかということがわかって愕然（がくぜん）としたりもしたが、目醒めていくことへのすがすがしさがそれをかき消し、光り輝く思い出に変えてくれた。

その空気を感じてか、ここ数年1か月に1度くらいしか帰ってこなかった夫が、毎

週のように帰ってくるようになった。

息子は、何やら関心のあることが見つかったようで、高校の勉強を真剣に頑張っているらしく、ここ数か月で別人のように穏やかに落ち着いている。驚いた担任から「何かセラピーを受けられたんですか？」と連絡があったが、「息子を信頼して任せているだけです」とハルは笑顔で答えた。

家族のことをひとりでなんとかしようとしていたときには、家族をがんじがらめにしていたことに気づいた。そうすると、これまで、まったくどうにもならなかったことが突然動き出したのだ。

他人の言動や外的な要因に対していちいち一喜一憂していたのが嘘のように、物事を俯瞰（ふかん）してとらえて、振り回されなくなった。

たびたび自然の中に出かけているうちに、妖精たちの姿が見えるようになった。そして、幼少期はこうやって自然と会話をし、サポートしてもらっていたことを思い出した。

——ああ、私、「スピリチュアル」という言葉に惹かれたのは、もともと、その存在

を知っていて、大切にしていたからかもしれない。

妖精や精霊と再会したハルは、自然からのサポートを受け取り、より自分自身の感覚に集中し、ネガティブな思いを手放し、卑屈な行動や言葉を変え、前向きな気持ちで生きるようになっていった。

すると、「誰かの面倒を見る生き方」にも変化が訪れ、今までの人生では考えもつかなかった「自分がやりたいこと」が見えてきた。

教職を生かして、自然の中でフリースクールを開きたい。

個性的な子どもたちの目醒めを妨げず、自由に生きられる居場所をつくりたい。

ハルは、それを考えるだけで楽しい気持ちになり、ワクワクした。教壇に立つ自分を想像すると、とてもしっくりくるし、何より喜びを感じるのだ。

生き生きと学校へ通うようになった息子、光星を見送りながら、初めて生まれた夢を実現させるために動き出そうとしていた。

――次に、夫が帰ったときに、このことを話してみよう。

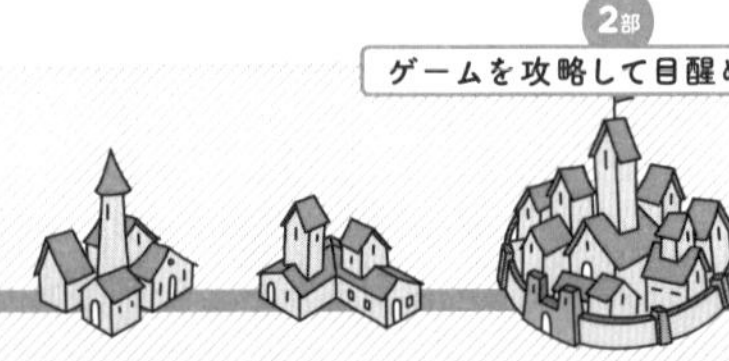

「私は陽。太陽のように地球を照らす、母がくれた名のとおりだ」

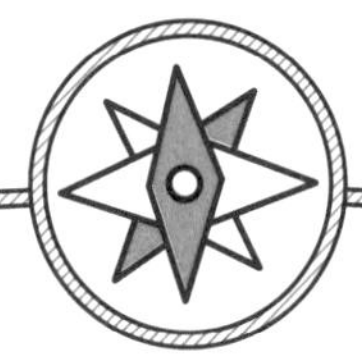

第４話

「居場所なき透明人間」からの帰還

◎自分の「居場所」に不安が湧くとき

ダイチは、重たい心を引きずって、あるファイナンシャルプランナーのもとを訪ねようとしていた。東京に単身赴任中の、50代の中間管理職の会社員だ。

目下、心配事はお金のことだ。

ダイチはここ数年ずっと、老後の2000万円問題の不安に苛(さいな)まれている。

ダイチが働く外食関連企業は、ここ数年の売り上げの頭打ちに加え、2020年春ごろから起こったコロナショックにより大打撃を受けた。リストラへの恐怖を口にする中間管理職が一気に増え、社内の空気も暗いものになっていた。

ただ、ダイチ自身は、今回のコロナショックより前に、何か、自分の人生の転換期を感じ取っていた。

――何かが違うんだ。何かが。

よくわからない違和感に苛まれ、答えを探し始めたダイチだったが、ある日、コンビニで立ち読みしたビジネス雑誌のファイナンシャルプランナーの言葉に、「答えの片鱗(へんりん)」を見つけたような気がした。

「これからは、お金に囚われない社会がやってくる。個の時代になる」

そこには黒縁メガネでキリリとしたファイナンシャルプランナーが、これからどうやってお金と向き合えばいいのか、どうすればお金が増やせるのかを解説していた。

その雑誌を握りしめて、ダイチは、仕事の帰り道、そのファイナンシャルプランナーのもとへ足を運んだのだ。

◎「お金のとらえ方」が現実を振り回す

ピンポーン。

都心のビルの1室を訪ね、インターホンを押すと、雑誌と同じ黒縁メガネのキリリとした人物が現れ……なかった。

「いらっしゃーい」

出迎えたのは、金髪の、まるでちびまる子ちゃんに出てくる花輪クンのようなキザな白いスーツに身を包んだ男性だった。

「え!?」

思わず、手に持っていた雑誌をめくる。格好はずいぶん違うが、顔は本人に似ている気がする。

――黒髪に紺スーツのいかにも真面目な感じの人だったはずだけど、助手か誰かなのだろうか？

「ノーノー！　おっどろいたー？」

ダイチの心を読んだかのように、チャラい返事が返ってきた。

「いや、おたくの場合さ、これまでの固定観念、ぜーんぶとっぱらったほうがいいと思って！　それでこの見かけにしたわけ。あ、僕、並木潤でーす」

と、腰を折って、変な敬礼をする金髪チャラ男。

「は、はぁ……並木潤さん」

――とんだ間違いだった。

狐（きつね）につままれたまま、ダイチは促されて応接室へと入った。

もらった名刺の肩書きには「超一流ファイナンシャルプランナー」とある。ダイチは「ふざけやがって……」と思ったが、せっかくここまで来たのだから、このまま帰るのは癪（しゃく）だった。モヤモヤしている今の気持ちを、目の前の男にぶつけてやれ、と思った。本物のファイナンシャルプランナーなのかわからないが、ダイチはとりあえずこの気持ちを誰かに吐き出したかった。

「なんだか突然、生きている意味ってなんだろうって思い始めまして」

「でーすーよーねー！　わかる、わかるよー！　だって、ダイチ、目醒（めざ）めるって決めちゃったもんねえ」

「目醒める？　いや、私は起きてますけども」

「あはは……！　ほんっと、融通きかない中年サラリーマンね！」

「そんなこと、ちょっと、失礼だろ？」と、立ち上がろうとするダイチを、並木プランナーが「まあまあ、いいからいいから。で、それで？」となだめながら座らせる。

「これまで当たり前のように会社に勤め、給料をもらってきたのですが、気づいてみ

たら、老後安心できるお金を持っているわけでもなく。妻は、昔から病気がちでお金も必要で、病気がよくなったら今度は浪費が激しくなって……。上の娘2人はなんとか大学にまでやって、社会人になってくれましたが、息子は高校生でこれからまだ学費が……」

「でさ！」

並木プランナーがダイチの言葉を遮って、こう尋ねた。

「ダイチはさあ、お金をきれいだと思う？　汚いと思う？」

「え……」

ダイチは思わず言葉を失った。

――お金が、きれいか、汚いか……。

「きれいか、汚いか、はよくわかりませんが、お金っていうのはたくさん持っていると人から奪われたり、身を滅ぼしたりする、という感覚がありますね」

「じゃあさ！　自分はお金を持っていていい人だと思う？　稼いでいい人だと思う？　豊かになっていい人だと思う？」

「え……」

意外な質問に、黙ってしまうダイチ。しかし、考えてみると、自分がお金の不安に苛まれずに、豊かでいられる気がしないのは事実だった。その様子を見て並木プランナーがこう言った。

「その概念はどこから生まれてきたと思う？」

「どこから？　さあ、どこからでしょう……」

「お金の概念を変えないとさあ、まるで、何も入ってないUFOキャッチャーをやってるようなもんなんだよね。これもまた、そこから目を醒ますための眠りのゲームなんだけどね」

「何も入ってないUFOキャッチャー……」

「どうして、ダイチがそんなゲームを続けているかは……」

並木プランナーは、1枚の名刺を差し出して、こう言った。

「この場所に行って、リーディングしてもらってみて！」

そこには、フランシスコ・ミカエルというカタカナの名前が書かれていて、肩書きには『天使』『チャネラー』と書かれていた。

――て、天使……？　チャネラー？

「あ、いやあ、あのう、私用事を思い出しまして」

「そんなこと言わない！」

「いやでもあの、私、壺とか印鑑を買うつもりは……」

今度こそ逃げ帰ろうとするダイチを、並木プランナーはものすごい目力で引き留めながら、低いトーンでこう言った。

「自分がその目で見て、体験してきた人生に違和感があったり、満足できないと思っていたりするのだとしたら、試してみてもいいのでは？　実際に、もう今までの世界は何かが違うと感じているんでしょう？」

その言葉に、「ま、まあ、確かにそうですね」とダイチもいくぶん落ち着きを取り戻して、その名刺を受け取った。

「お金ってさ、それを扱う人間のお金に対する価値観ひとつで、自由への切符にもなれば、不幸の元凶にもなるわけ。お金という概念を、まずは少し教えるね！」

またチャラい口調に戻った並木プランナーが、ダイチにウインクした。

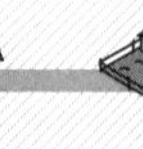

お金の「真実」を知る

①なぜかお金に振り回される地上の魂たち

人間の悩みは、主に、人間関係、病気、そしてこの世に生まれてきた意味、そしてお金の4つに大別できます。そして、お金については、地球の波動がまだ低かったころから、人間の欲望をかなえたり、争いの中心になったりするものとして認識され、生きる上で大きな意味を持つものとして君臨してきました。

でも、実際はどうかというと、お金自体には本来価値などありません。

価値を与えたのは人間たちです。

もともと遡れば、お金のなかった時代、僕たちは必要な物資や作物、食べ物、着るものなどを互いに生み出し、物々交換をしながら生活をしていました。それが、人間

社会がより複雑になり、選ぶ人生も多様化していくに従って、モノとモノ、価値のある何かと何かを交換するための券としてお金が使われるようになりました。

お金は使えばなくなる。

そういう意識が根づき、お金にまつわるトラブルが人間界で長年続いたこともあり、お金を持っていることを汚い、悪だとする価値観が生まれました。

特に日本人は「お金が好き」「お金は素晴らしい」という考え方を隠す歴史があり、多くの人は「カネカネ言うなんて浅ましい」「お金を持っているっていうことは大っぴらに言うものじゃない」という教育を受けてきたわけです。

こうなってしまうと、「お金さえあれば、ワクワクすることを追いかけて幸せに暮らせるのに」「好きな仕事をしたいけれど、お金を稼がなくては生きていけないから嫌いな仕事でもやらなくては」と、お金ありきの選択を迫られる上に、お金を悪だとし、持つことへの罪悪感を感じる価値観を併せ持っているために、「欲しい」と思いながらも「お金は汚いものだ」と感じているという矛盾が生じてしまいます。

結果どうなるかというと、お金というものは「常に渇望し、必要としているものの、汚らしくて持っていてはいけないもの」という存在となり、いくら欲しいと思っても

手に入らないという状況が延々と続くことになります。

もちろん、これは無意識ですから、表面的には「もっと自分の仕事を評価してもらい、給料を上げてほしい」「お金がたくさん入ってくる人生がいい」と本気で思っているので、自分の中にあるこの矛盾した価値観に気づきにくいのです。

不可能を可能にするのはお金ではない

僕たちの住む地球は、古い価値観を脱ぎ捨て、新たな世界へと上昇しようとしています。それが何を意味するのかというと、**新しい地球と一緒に歩むと決めた人々にとって、お金や働き方の概念もガラリと変わっていく**ことを意味しています。

もちろん、人がそれぞれの使命や仕事を持ち、働き、お金を得るという形は、しばらくは続くでしょう。しかしながら、働くということへの制限は一気に変化します。

まず、もうすでに崩れてはいますが、企業の終身雇用や会社ありきの働き方はもう意味をなさなくなっていきます。毎日同じ時間に会社に出社して、定年になるまで勤め上げるというスタイルも消滅していくのは、火を見るよりも明らかです。

新しい世界では、自分がなんのためにこの地球にやってきて、何を体験し、かなえていきたいのかを人生のメインテーマとし、仕事は、個々が、情熱とワクワクすることに従って生まれていきます。

逆に言えば、ワクワクしないことを仕事にしている以上、お金は入ってこないし、幸せを感じることもできない時代になってくるということです。

個々の中でも価値観は変化していきます。楽しみながらやっていた仕事がある程度のところまで来ると、また新たなワクワクを発見し、そちらへ移行しながらお金と豊かさを生み出し、その人の仕事がさらに他の人のワクワクやお金、豊かさを生み出すという連鎖こそが、新たな働き方として認知されていくのです。

今、多くの人が、これまでの自分の働き方に疑問を感じ始めています。

自分のこの地球上での役割はなんだったのか。自分がワクワクと豊かさを得られる仕事はなんだろうか。それに気づき始め、探し始めています。

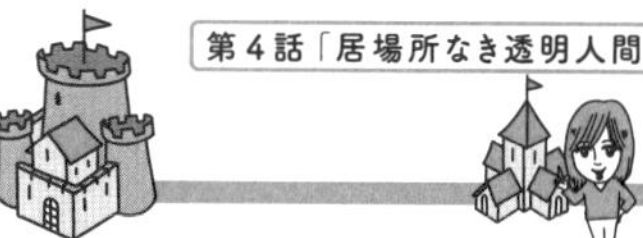

目醒めることで、お金に振り回されなくなる

これまでの地球で、お金とは、物質世界にある制限のある存在でした。

お金を稼ぐためにつらい仕事をし、得たお金は使えばなくなってしまうのが常識だったわけです。

しかし、目醒める人たちの地球には、これまでの3次元の概念はありません。

地球と一緒に次元上昇した魂は、宇宙意識とつながり、思い描くものすべてを、リアルにこの世に出現させることができます。「使うとなくなる」という意識は消え、「すべてのものを生み出すことができる」ということに気がつくでしょう。

では、どうやったら新たな地球で、お金を自由に生み出すことができるのか、幸せな生活を生み出し続けられるのかというと、そのための有効な手段として**「アファメーション」**があります。

それは、これまでもスピリチュアルな世界で用いられてきた手段です。

望んでいるものを現実にするためにそれがすでに手に入ったところを、体感と共に

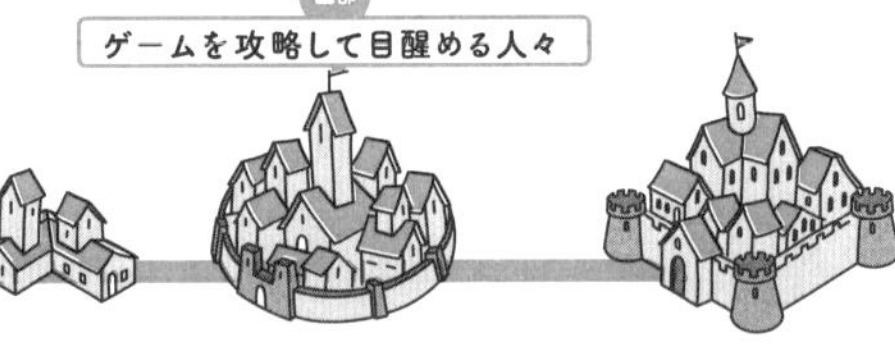

ありありと感じます。たとえば「私はお金持ちです。望むだけのお金を使うことができます」と唱える。最初は信じられなくても、自分が錯覚してしまうくらいに何度も口にすることで、潜在意識にすり込まれ、本当に豊かさが舞い込んでくるようになるのです。

このように、アファメーションによって望む現実を引き寄せるという方法はこれまでも使われてきましたが、これからの地球では、その望みが実現するまでのスピードは一気に加速します。心から信じれば、まるで、ハッピーな映画を見ているかのように、絶妙なタイミングですべてが〝そろっていく〟ことになるのです。

今、ハッピーな映画を見ているかのように、と言いましたが、これは実際に見たい映画を自分で選び、フィルムを映写機にかけるのと同じことです。

これまで、つらいことや悲しいこと、願いがかなわない現実ばかりが実現していたのは、これまで選んでいた映画が「願いがかなわない悲しい人生物語」というタイトルだったから。これからの地球では、自らの意思で幸せなタイトルの映画を選び、その映画を劇場で楽しく見るような人生を送ることができます。

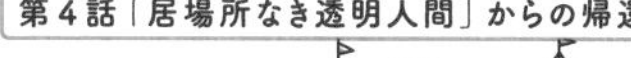

ただし、これができるのは、本来の自分に還る、幸せになると決めた人。

つまり「目を醒ますと覚悟した人」だけです。

どれだけ願っても、思ったように現実が変わらない、という人は、まだ悲しい人生物語の映画の中にいて、目が醒めていないということ。

また、どうやってもお金だけは自由にならない、と思うなら、これまであなたの魂が地球で経験したお金にまつわるネガティブな思い込みやトラウマが関係していることがあります。その場合は、お金へのネガティブな思いを手放す必要が出てくるでしょう。

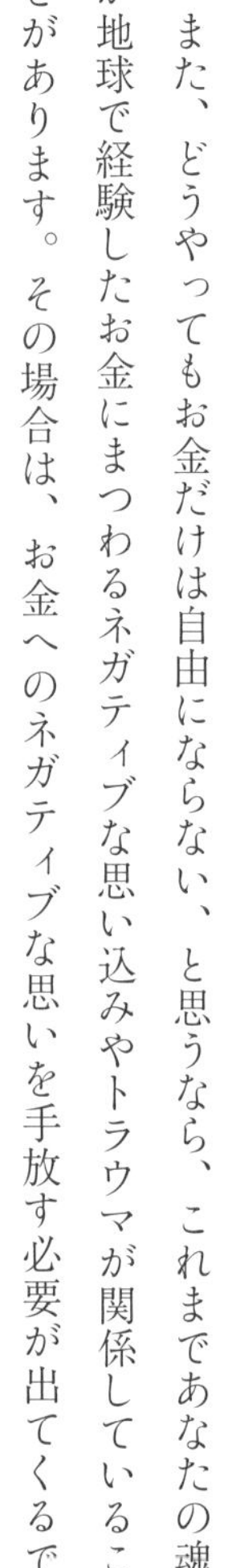

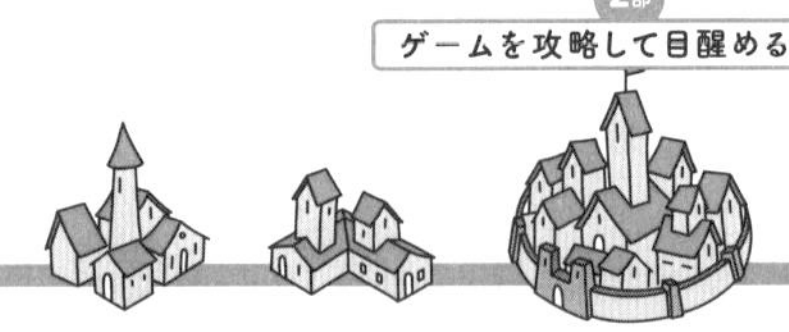

◎「変わる」という覚悟があれば動き出す

それから数日、ダイチは天使の名刺をポケットに入れたまま、モヤモヤした思いを抱いていた。うさん臭いと思いつつも、なぜか捨てられないその名刺の住所を訪ねられないまま、1週間が過ぎた。

3か月ぶりに単身赴任先の東京から自宅へ戻り、週末を過ごすことにしたのだが、ダイチにとってそれは、苦痛でしかないものだった。

まず、自分の家だというのに、帰っても非常に居心地が悪かった。

息子は部屋に引きこもっていて、ダイチが家にいても部屋から出てくることはほとんどなく、夕食も自室で食べるから、夕食も夫婦で2人きりだ。

妻は、食事を作ってはくれるものの、素っ気なく、たいして会話もなくなっていた。

妻は、妻の母が脳梗塞で倒れ、育児と介護で大変なときにそばにおらず、手伝うこともなかった夫に対して、いまだに怒りを感じているようだったが、これにはダイチにも言い分があった。

妻の母が倒れた際に、東京で働くのをやめて、地元で就職し直してサポートしよう

としたのだが、妻からは「40代後半で手に職があるわけでもないのに、こんな田舎(いなか)で新しい仕事なんか見つかるわけないじゃない。それに、転職なんかしたら今のお給料ほどもらえるはずもないんだから」と一蹴されたのだ。

しかしながら、その後も妻からは「あのとき何もしてくれなかった」という言葉をずっと投げつけられ、肩身の狭い思いをし続けていた。

——私はもう、居場所のない家と家族のために働き続ける自分に疲れ果てている。

日曜日、ダイチはひとりでそっと家を出て、都内の単身赴任中のマンションへ戻った。

月曜日、出勤するときに、あのフランシスコ・ミカエルの名刺をポケットに入れて家を出た。そして、会社帰りにその住所を訪ねて、とある駅から少し歩いた大通りの路地裏へと足を運んだ。

古いビルの一角、名刺に記された部屋番号の前に立ち、深呼吸をして扉を開けた。

ドアを開くとそこには、草原が広がっていた。

「え、草原？　……どこでもドアか？」

ダイチが固まっていると声が聞こえた。

「やあ、よく来たね」

空を見上げると、羽の生えた天使が、空を旋回しながらこっちを見ている。


「ほ、本当にいた。いや、でも！　顔が……ワニ!?　夢か？」

貴公子の姿をしたワニが羽を生やして飛んでいる。

「ああ、そんなこと。どっちでもいいんですよ～。夢でも現実でも、似たようなものですから」

天使が降りてきて、そう言った。

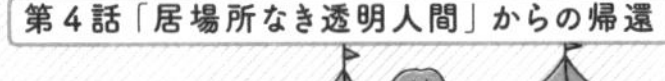

「私、ミカエルと言います。人間の生きる意味を伝え、その使命をサポートしたり、居場所をお伝えしたりしている天使です。あなた、今、居場所がないと感じているのでしょう？　そして、なぜそう感じてしまうのか、自分の居場所や今の地球でやるべきことはなんなのかを知りたくて、ここにいらっしゃったんですよね」

ダイチが話し始める前に、見ていたかのようにミカエルは言った。

「そうです。お金に対する不安、そして、家族に対する不満、仕事に対する違和感。その原因を知りたいですし、もう、なぜか、今の自分に違和感を感じているのです」

「うんうん、実に素晴らしい。しっくりこない、腑（ふ）に落ちないというのは、今の自分が本来の自分ではないということに気づいている証拠です。目醒めると決めたら、合図は違和感ですからね。さっそくではございますが、ここにお座りください」

ミカエルが促したのは、草原の真ん中に鎮座するクリスタルでできたイスだった。

「これは、地球の中心とつながるイスですから、ここに座れば、あなたの魂がこれまで経験してきたカルマも見えるはずです。さぁ、どうぞ」

イスに座ってみる。

「あ、どうぞシートベルトをお忘れなくお願いしますね」

イスに座ったダイチに、ミカエルが軽やかな声で言った。

◎家系が持つお金のカルマを超えていく

ダイチは、イスに座り、シートベルトを締めた。

ミカエルに促されて、目を閉じ、地球の波動を感じながら深呼吸を繰り返すと、しだいに映像が浮かんできた。

そこは、写真で見たことがある工場のようだった。

ダイチの家系は、昔ながらの地主で、土地には工場を建てて、地元の人たちを雇っていたと聞いたことがある。ある夜、その工場から火の手が上がり、夜遅くまで働いていた人たちが逃げ遅れて多くが亡くなるという事件が起きた。

火事の原因は放火で、工場と取引していた人間の仕業だった。正当な報酬を払わず、足元を見た取引をしていたことに対する腹いせだった。地主による搾取が恨みを買い、結果的に多くの命が失われることになったのだ。そのことは、一族の恥とされ、公に

は事故と処理され、家族を失った人たちへのフォローも満足に行われなかったのだ。

映像はしだいに薄れ、ダイチはゆっくりと目を開けた。

「このことが家系のカルマになって、罪の意識を受け継ぎ、お金を得て豊かになることも、家族に愛されて幸せになることもゆるされないと感じていたんですね」

そうミカエルが言った。

ダイチは祖父の姿を思い出していた。

いつも幸せそうには見えず、どこか影のある人だった。

「そういえば、私の祖父は晩年、保育園を経営したり、児童相談所への支援をしたりしていました。真実を明らかにせず、多くの家族を露頭に迷わせたという負い目があったのでしょうか。結局全財産を寄付して、私の父には家しか残さなかった」

「そう、そしてあなたも、自分が稼いだお金を誰かにあげないといけないと思っている。もちろん無意識ですが、つぐないをしようとしているから、貯まらないし、受け取ってもらえないと思っているから、感謝もされない」
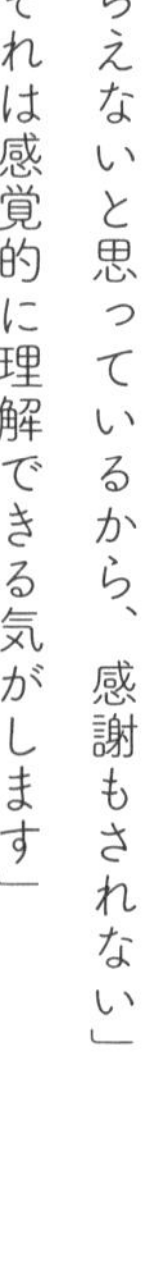
「ああ、それは感覚的に理解できる気がします」

「そう、しっくりくるならそれが正解です。明らかになった今、あなたがこのカルマを持ち続ける必要はありません。カルマもまた、イリュージョンですからね」

とミカエルが言った。

「イリュージョン……」

「そう、イリュージョンですから、自分でつくりかえていいのです」

思い返すと、自分自身も、部下の問題解決や仕事がうまくいくためには、全身全霊で挑むところがあることに気づいた。いつも、「私がなんとかしなくては」と、駆り立てられていた。それでいて、できるだけ自分の働きが目立たないようにどこか陰に隠れようとしていた。

罪悪感、無力感の源泉は、家系の歴史にもあったかもしれないが、ダイチの子ども時代にもそれはあった。ダイチの父と母は、地元で小さな商店を営んでいたが、経営が立ち行かなくなり倒産。それから父は運送会社で働き、母は子育てをしながら経理の資格を生かして会社勤めをし、借金を返しながら必死で働き兄弟3人を育てた。無理をしすぎたのか、母はダイチが高校生のときに倒れ、一度は意識を取り戻したものの亡くなった。父とはそれ以来、音信不通となった。

「あなたは、母親を幸せにすることができなかったことを今も悔いていて、それを自分の妻にも当てはめ、『幸せにしたいのにできない』という周波数を持ち続けています。あなたが今世で抱えた重荷も含めて、この周波数を手放すときです。今座っているイスを通じて、重荷を地球にお返しし、光に変えて戻してもらってください」

ダイチは目を閉じると、胸に抱えていた負のエネルギーを自分の足元から地球に向かってお返しするイメージを持った。

ダイチはイメージの中で、地球の中心に吸収された闇が光に包まれ、やがて光に変換され、また足元から暖かい光が戻ってくるのを感じた。

「これからあなたは、新しい地球の上昇するエネルギーと一体化し、愛を受け取り、豊かになっていくことができます。そのためのワークをお伝えしますから、しばらく毎日やってみてください。そうすれば、お金の問題や不安も自然と解消され、自分の人生の意味や使命に気づくことになるでしょう」

ミカエルがまるで、お告げのようにそう言った。

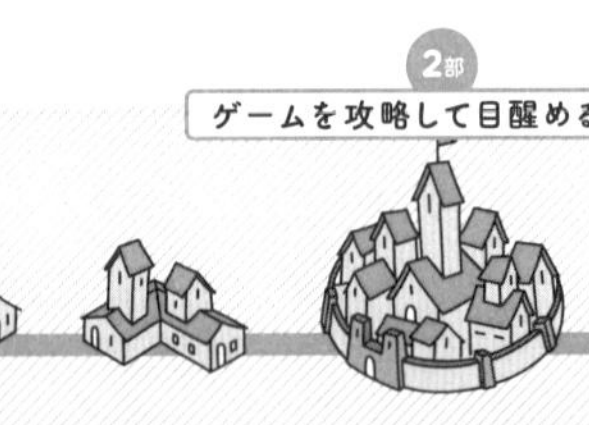

この世ゲーム攻略法 9

本来の自分を生きるための「統合」

① 愛されることを許可し、愛されていることを知る

過去世や家系のカルマを背負ったままでいると、自分に価値を感じられず、愛されてはならないと思い込んでしまうことがあります。こうして、過去世やカルマを抱えたまま、幸せにならない道を選び、欠乏感と孤独感を感じ続けることになるのです。満たされない感覚、心の中にポッカリと空いた穴を埋めるために、ギャンブルやアルコールに依存したり、過食症になったり、ワーカホリックになったりすることも少なくありません。この欠乏感を埋めるのは、お金の豊かさではありません。

すべての基本となるのは「愛」です。

宇宙は愛そのものであり、自分自身で宇宙に存在する愛を受け取れるようになれば、

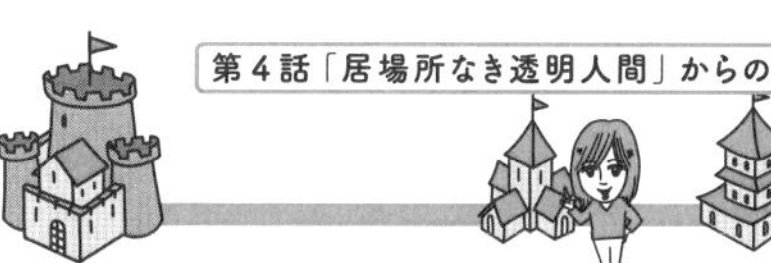

欠乏感も孤独感も消えていきます。十分に宇宙からの愛で満たされて初めて、地球上にあふれる周囲の愛にも気づくことができ、愛を注ぐこともできるようになるのです。

まずは、イスや床にゆったりとした姿勢で座ります。そして、軽く目を閉じて、クリスタル製のオクタヒドロン（正八面体）の中に自分がいるところをイメージします。オクタヒドロンはピラミッドの底と底をぴったり合わせたような形をしています。

ゆっくりと深呼吸を繰り返し、リラックスしながら、自分の体がクリスタルのよう

に透き通っていくのを感じてみてください。

宇宙から純粋な愛の光が降りてきて、オクタヒドロンの先からあなたの頭頂部を伝って、ピュアな愛のエネルギーが入ってきます。愛のエネルギーはキラキラと光り輝くピンク色です。それを深呼吸しながら、ゆっくり取り入れていきましょう。

愛のエネルギーがあなたの体を満たすと、今度はハート（胸の真ん中）に流れ込みます。すると、ハートを満たし体の中に収まりきらなくなった愛のエネルギーは、体の外にあふれ出し、オクタヒドロンのすみずみにまで広がっていきます。そんなふうに愛のエネルギーを循環させ、もう十分だと感じられるまで満たしてください。あなたの体は透明なので、ピンク色に輝いているのがわかるでしょう。

これで、あなたの心身は愛で完全に満たされました。

それではゆっくりと目を開けて、周囲を見渡してください。どのように感じますか。

毎日このワークを続けていると、周囲の人たちが、なぜか自分にやさしく接してくるというような体験をするようにもなるでしょう。

宇宙から注がれる愛は無限で、無条件です。

存在しているだけで注がれる無限の愛を受け取る許可を自分に出してください。

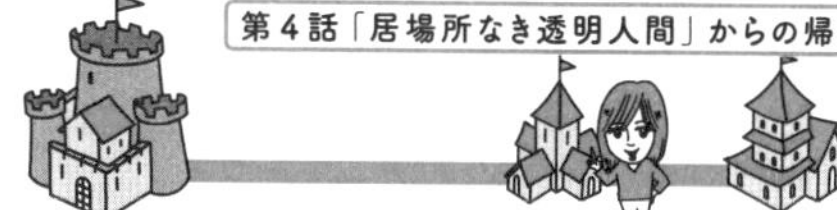

すべてを統合し、本来の自分に還る

最後にお伝えするワークは、目醒めていくための最後のステップである「統合」です。ネガティブな感情や感覚、いわゆる地球特有の周波数を外し、光にして自分に戻すのが「統合」です。

これからお伝えする方法で、あなたは目を醒まし続けることになり、どんどん軽やかになっていくでしょう。

・地球の周波数を外し光に換える「統合のワーク」

まず、リラックスしてまっすぐに立ち、足元にプラチナシルバーに光り輝くフィールドが広がっているのをイメージしてください。視界を遮るものは何もありません。地平線のずっと向こうまで見渡せるフィールドに立っていて、あなたの足元には銀河のような渦が大きく広がっていて、その中心にあなたが立っています。

まわりを取り囲むのは宇宙空間で、無数の星や惑星たちが美しく瞬いています。

あなたが立っているフィールドから、巨大なエネルギーの筒が伸びているのが見え

ます。この筒は、天の川銀河のエネルギーでできていて、あなたと、宇宙の根源である源とをつなぐ架け橋になっています。その先に、すべての源がまばゆいばかりに発光し、強いエネルギーを放っています。

ここまでイメージできたら、軽く目を閉じて、深呼吸を繰り返します。

目の前に、映画のスクリーンをイメージしてください。そのスクリーンに、今あなたが抱えている悩みや問題を映し出してみてください。怒りや悲しみ、嫉妬、不安、孤独感、欠乏感、恐れ、絶望感などのネガティブな感情をとらえてみてください。

その感情が、真っ黒い鉄でできたオクタヒドロンに変化するのをイメージします。

感情は目に見えないのでそのままだと扱いようがないので、イメージで形にします。なぜこの形なのかというと、オクタヒドロンには、たとえば陰陽といった「二極」を統合する性質があり、この形を使うことで効果的に統合することができるからです。

そのオクタヒドロンを、両手で抱えられるくらいの大きさでイメージします。

重さをイメージしましょう。どの程度でしょうか？　少なくともボウリングのボールの重さくらいは想像してみてください。もちろん、もっと重くてもかまいません。

ここまでイメージできたら、そのオクタヒドロンを両手でつかみ胸の前で持ちます。

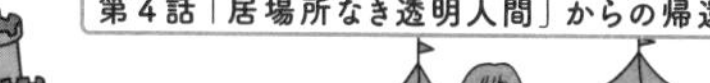

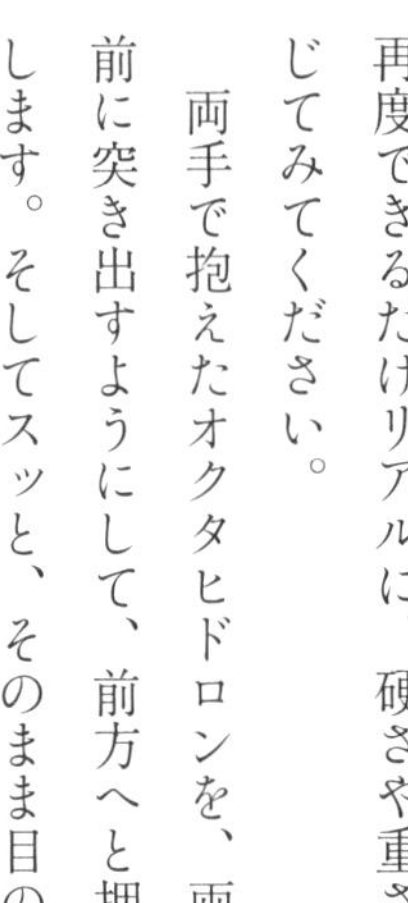

再度できるだけリアルに、硬さや重さを感じてみてください。

両手で抱えたオクタヒドロンを、両手で前に突き出すようにして、前方へと押し出します。そしてスッと、そのまま目の前にあるスパイラル状の天の川の筒に入れ、あとは両手を放すだけです。

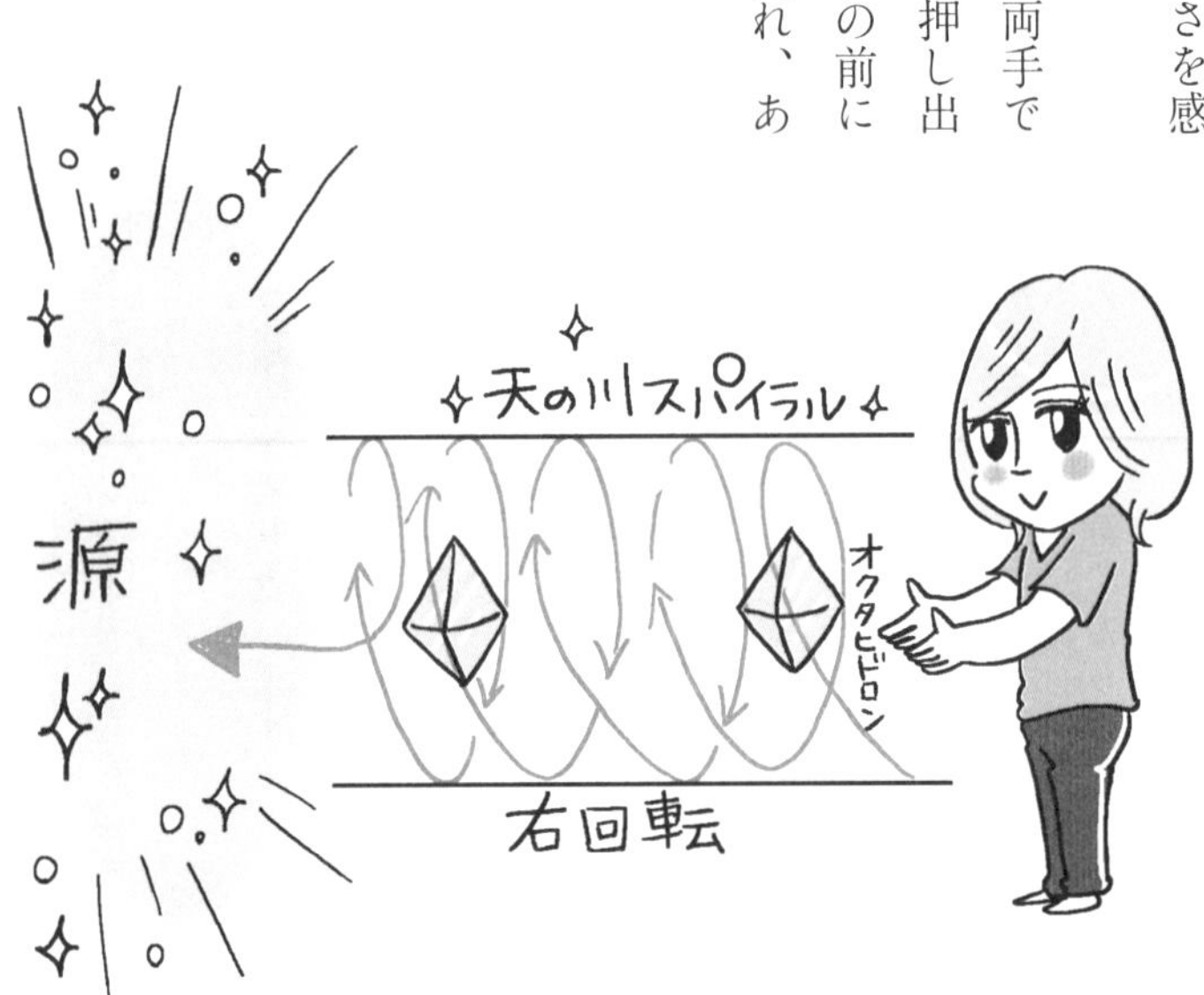

オクタヒドロンは、右まわりに回転しながら天の川銀河の筒の中を飛んでいき、その先の光り輝く源へと吸い込まれていきます。吸い込まれるところまで見届けたら、深呼吸をしましょう。

そして、まだ自分の中にスッキリとしない重たい感覚があると感じるのであれば、その感覚を先ほどと同様に、オクタヒドロンに変えて源に手放します。

スッキリとした感覚が持てたところで、源で統合されたエネルギーが光になって、今度は左まわりに回転しながら、天の川のスパイラル状の筒を通ってあなたに還ってくるところをイメージします。

戻ってきた光は、あなたの足元へと流れ込み、濃密な光の上昇気流を発生させます。光の上昇気流は下から磁場ごと押し上げ、まるでエレベーターに乗ったかのようにあなたを上昇させていきます。そうして開けた空間まで抜け出るのを感じてください。その広々とした時空間で、あなたは高い視点と遠くまで見渡せる視野を獲得しているのを感じます。

そのときあなたは、きれいな光の粒子になって漂っています。その光で頭の先から足の先まで、自由に新しいあなたの体をつくってください。これは本来のあなたであ

る光の体です。さらに、僕たちは肉体を持つ存在ですので、その光の体に重ねるようにクリスタルでできた体を形づくります。

実際、僕たちは地球の次元上昇と共に、肉体の波動を上げていて、今までの炭素ベースの構造から、珪素(けいそ)ベースの構造へと進化しようとしているのです。クリスタルの成分は珪素です。もちろん僕たちはクリスタルそのものにはなりませんが、クリスタルの体になっているという大胆なイメージをしてみてください。

こうして新しいあなたに生まれ変わったら、深呼吸しながら大きく伸びをして、ゆっくりと目を開けましょう。

この状態で、再び、銀河の中心に立っている自分をイメージし、スクリーンにもう一度、今抱えている問題を映し出してみてください。

それを見たとき、どう感じるでしょうか？　最初に映し出したときよりも軽くなっているのではないでしょうか。

このワークを繰り返すことで、徐々に、ネガティブな周波数を手放し、本来の自分であるハイヤーセルフと一体化していくことになるのです。

◎すべての創造主は自分であると気づく

その日から、ダイチはミカエルに教えられた手放しと統合のワークに取り組むようになった。もともとスピリチュアルという言葉に拒否反応を示していたダイチは、信じて取り組んだわけでもなく、「言われたままに」やってみただけだ。それゆえにイメージがクリアにできているのかはわからなかったが、とにかく、自分にできる範囲で続けてみた。

ある日の会社帰り、マンションの前に、屋台が出ているのを見つけた。

——あれ？　こんなところに屋台？

今まで見たこともない屋台だったが、よく見ると『おでん　並木』の暖簾（のれん）がかかっている。

——な、並木？

思わず、並木プランナーの顔を思い浮かべたダイチは、いい匂いにつられ、暖簾をくぐってみた。

「へい！　いらっしゃい！」

「え!?」

屋台の中には、あの並木プランナーにそっくりな顔。だが、スキンヘッドにタオルを巻いたワイルドな男性が立っていた。

「あ、あの、並木潤さんですよね?」

「おお、なんだいおまえさん、俺の双子の兄貴のこと知ってんのか? 俺は並木源だ」

「え? 双子? 源!? いや、そんな偶然あります?」

「何言ってんだ? この世に偶然とかあるわけないだろう?」

「は? じゃあ、偶然じゃないってことですか? じゃあ、まさか、今日ここに屋台

を出したのってわざと？」

「まあ、そんなことはいいから、座りなせぇ」

「は、はあ」

その、スキンヘッド並木は、おでんをいくつか菜箸で取り分けて、ダイチの前に差し出した。

「あ、ありがとうございます」

割り箸を割って、カラシをつけ、牛すじを串から外して口に運んでみる。

「う、うまい」

「そうだろう？　でも、おまえさんも料理が好きなんだろう？」

「え？　なんでそんなこと。まあ、今は単身赴任だし、自分だけの食事だから大したものは作りませんけどね。昔は家が貧乏だったので、あるものでいろいろ工夫して、ちょっとでもおいしいものを作ろうとしていましたね。そんなの忘れてたなあ」

「まあ、記憶なんて、本当かどうかなんかわからないからなあ」

「え？　どういう意味ですか？」

「人生ってのは、自分が見たいものを選んで、それを映写機で写しているようなもの

だからな。過去に起きた出来事だって、本当に起きたことかなんてわかるかよ。記憶も含めて、見たいように見ているだけだから」

「うーん、なんか深いですね。確かに、見たいものを見ているし、どちらかというと、嫌なことばかり強烈に覚えている気がします」

「そりゃあ、真実に気づいたら、すべてが変わってしまうからな。人間ていうのは、変わりたくない生き物なんだよな。一度恨んだものはずっと恨んでいようとする。深い深い眠りに落ちているようなものだ」

「深い眠り？」

「そうだ。見たいフィルムを選んでセットしたのに、イリュージョンの世界に同調しすぎてスクリーンに顔を押しつけて、まるで自分がその中にいて、どうしようもなくなっているかのように感じて溺（おぼ）れているわけだ。夢の中でもがいているみたいにな。さらに、身近な人間が絡むと、話がややこしくなる。特に家族がやっかい。互いに見たい世界を押しつけあって、そりゃあもつれるよなあ」

「どうしたら良い距離感が得られるんでしょうね」

「そりゃあ、おまえさん、それぞれが自分が見たい幸せな映画のフィルムをかけて、

映写機で映し出して、幸せを味わうことだなあ。そして、家族もひとりの人間だから、幸せになる力があると信じることだ。てやんでえ」

おかしな「てやんでえ」の使い方をしながら、スキンヘッド並木が笑っていた。

その週末、ダイチは、墓参りに出かけた。

自分の先祖が起こした痛ましい事故と搾取の歴史、祖父の思いに寄り添い、その思いを持ち帰って、またワークをして手放すことを繰り返した。

ミカエルに会ったあの日から、毎週自宅に帰り、墓参りを繰り返していた。

何度か墓に足を運ぶうちに、あることに気づいた。

いつも、花が生けてあるのだ。榊（さかき）ではなく、オレンジ色の花々。いつ行っても、色鮮やかで、生き生きとしているのだから、誰かが定期的に墓参りに来てくれているのは間違いない。

兄に聞いてみると、「ああ、それは親父だよ」と教えてくれた。

「定年になってからだと思うけど、毎日、朝の散歩で墓参りに行っている。一度こっそりついていってみたんだ。そうしたら親父、母さんに『子どもらは3人とも立派な

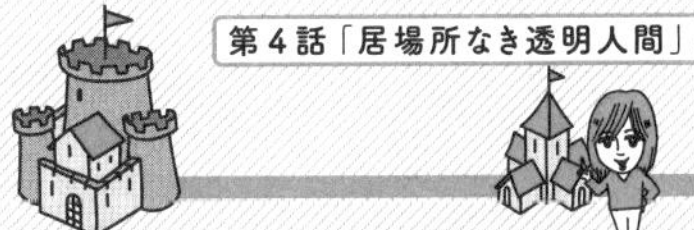

男に育ったぞ。心配するな』って報告してた。老後は、2人でゆっくりと過ごしたかったんじゃないかな。だから、今、墓に話しかけて2人の時間を過ごしているんだと思う」

その言葉を聞いて、ダイチは、亡くなる数日前に母が言った言葉を思い出した。

「お母さんは、生まれ変わってもまたお父さんと一緒になって、あなたたち3人を産みたいわ。ありがとう」

今の今まで忘れていた記憶。記憶が、まるで新しく生まれたような感覚だった。

その日、数十年ぶりに実家に帰ったダイチは、母の言葉を父親に伝えた。

父親は驚いた顔をしたが、黙ってうなずいただけで台所へと立った。久しぶりに見る、少し小さくなった背中が震えていた。その背中は、寡黙で、強く、働き者で、愛情深い、幼いころの父親の記憶を、ダイチの脳裏に呼び戻した。

ダイチは翌日、兄に母親の言葉と父の様子を伝えた。

「苦労ばっかりしてる夫婦で、俺たちを育てるのが大変だったとばかり思っていたけれど、それは俺たちが見た2人。お互いを大事に思う、いい夫婦だったんだな」

と、兄は言った。

しばらくして、ダイチは、格段に息がしやすくなっている自分に気づいた。

今の会社を選んだ理由は、内定をもらったからで、別にやりたい仕事ではなかった。

――でも、外食関係の仕事についたのは、昔から食べることが大好きだったからだ。

家が貧乏でも、少しでもおいしいものを食べたい。その情熱は、きっと自然と今の会社への就職へとつながっていたのだとダイチは思った。

そんな子どものような理由があったことなど意識の中にはなかったが、やっぱり、好きで選んだ仕事なのだと思えるようになっていた。

――俺は、ちゃんと自分で選んで人生をやってきたんだな。

そんな思いが湧いてきた。

同時に、妻をひとりで頑張らせていたことにも気づいた。

――俺は、家族との関わりを拒否し、自分をひとりぼっちにして愛と成功を受け取らないようにしていた。家で居場所がないと思っていたのは、俺がそう思っていたからなのかもしれない。

◎家族それぞれが、見たい世界を見て生きる

それからのダイチは、家族が受け入れてくれるかどうかは置いておいて、できるだけ、寄り添おうとした。

現実はすぐには変わらなかったが、自宅にいても、会話がなくとも、居場所がないという感覚はなくなっていった。そのうち、少しずつではあるが、妻もダイチに話しかけてくるようになった。

息子が「星の研究者になりたい」と、勉強し始めたと聞いたのもそのころだった。妻は、ときおり自然の中に出かけるようになったらしい。

ダイチの提案で、週末は家族3人でキャンプに出かけたりするようにもなった。

「こんな自然の中で、フリースクールを立ち上げられたら」

妻がふとそんなことを口にした。

妻は、ずっと専業主婦でいたい人だと思っていたから驚いた。しかし妻は、結婚前は教員で、教育について生き生きと語っていたことを思い出した。

——俺が勝手に、自分にすべてがのしかかっていると思っていただけか。

そう思ったら、肩の力が抜けて、気が楽になった。そして、ダイチは、妻と将来について話をするようになった。

互いに、お互いのことを見ず、自分のネガティブな感情に溺れていたのだということにも気づき、少しずつ修復を試みた。

妻の夢はやがて、ダイチの夢になった。

会社での仕事は続けることにした。改めて、並木プランナーのところへ出向き、お金について考え、どれだけのお金を生み出し、どんな願いをかなえたいのかをリアルに思い描き始めた。

――フリースクールをやるなら、自給自足の畑をつくって、食事の担当は俺がやりたいな。

そんな新たな夢も生まれてきた。

妻の浪費はすっかりなくなり、自宅で、学校へ通うのが難しい子どもたちにピアノや勉強を教え始めた。ときに家庭教師として出向き、ときにオンライン授業を行いながら、少しずつ、仕事の感覚を取り戻しつつあった。

ダイチは、東京にいる音信不通の2人の娘にもSNSを使って連絡をとるようになった。

父の変化が伝わったのか、はたまた娘たちが変わったのか、その両方か。

離れて暮らす家族は、以前よりも強いつながりが感じられ、それぞれが自分自身を愛で満たし、互いにも愛を送れるようになっていた。

「まるで、別の地球にジャンプしたみたいだなあ」

ダイチがつぶやくと、妻は「本当ね」とうなずいた。

ダイチは、地に足をつけて自分の選択で生きると決めた。

それはまさに、眠りのゲームからの目醒めの瞬間だった。

ダイチの胸に湧き上がる思いがあった。

「いつも地球とつながっている、私はもう大地（ダイチ）のごとく揺るがない」

305

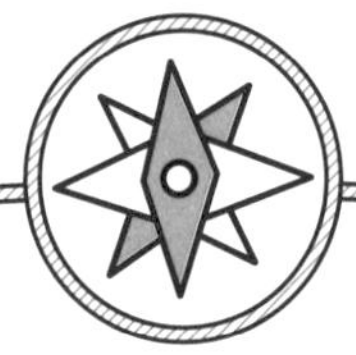

終話

2025年の世界

◎2025年の4人の話

時は2025年。目醒めた人たちの地球はどんどん上昇を続けている。

5年前、駆け出しのフォトグラファーだったヒカリは、あるコンクールで賞をとり、世界中で活躍する写真家に成長していた。

ヒカリが撮影する写真は、そこにある風景がただ写るのではなく、エネルギーが転写されていて、部屋にその写真を飾るとそこにいる人たちの次元が変わり、より自由に幸せになっていくと、スピリチュアリストの誰かが雑誌で語り、さらに人気となっていた。

明日から開催される銀座での個展は、ヒカリが日本で行う最後の個展になりそうだった。ヒカリのスポンサーに名乗りを上げたフランスの会社のおかげで、しばらくはフランスを拠点に、世界を旅し、地球上の美しい風景を撮影して回る環境が整っていた。

「ヒカリ、これはどこに持っていけばいい？」

個展の準備をするのは、ウェブデザイナーとして活躍しているヒカリの彼氏、時生

だった。準備を終えて、2人は感慨深げに展示された写真たちを眺めた。

「それにしても、ここ5年間のヒカリの躍進はすごかったね」

「それもこれも、5年前、時生に、『実は汚部屋の住人で、恥ずかしくてこれまで家に呼べなかった』って告白したから、私は変われたんだと思うよ」

「まあ、もう、あのままフェードアウトだと思っていたからね」

「うん、私も、もしもあのまま自分を置き去りにしていたら、時生を失っていたし、この個展だってありえなかった」

「ありのままでいることで、自由になれて、才能も開花したんだね」

「あのころは、自分が成功することだけを考え、他を蹴落としてでものし上がろうとしていたから、時生がウェブデザイナーとして頑張って、認められるようになっていっているなんて気づきもしなかったしね。今では、自分の会社を持って、世界中から仕事を引き受けていて、すごいと思う」

「うん、まるで、違う地球にジャンプしたみたいだ」

「本当だね」

「これからは、フランスで新しい人生が待ってるよ」

ヒカリが時生の腕に手を伸ばす。その左手の薬指には、婚約指輪が光っていた。

翌日のオープンには、大勢の人たちが詰めかけていた。

「あ、ヒカリ!」

ベビーカーに赤ちゃんを乗せた女性が、夫らしき男性と歩いてきた。

「あ、ミク姉! 来てくれたんだ! お義兄さんも!」

「そりゃあ、義妹の個展だからね。そうだ、婚約おめでとう!」

「へへ、ありがとう。お義兄さんとミク姉も、いよいよ、自分たちのカウンセリングルームをオープンさせるんだよね。おめでとう! お父さんとお母さんが立ち上げるフリースクールのほうも手伝うって聞いたけど……って、噂をすれば」

そこへ、ダイチとハル、少し後ろを歩いてくる弟の光星の姿が見えた。

「お父さん! お母さん! 光星! こっちこっち」

「家族全員勢ぞろいだね」と、ミクがうれしそうに笑ったが、光星は照れ臭そうな顔をして「僕、先に入ってるよ」とギャラリーに入っていってしまった。

「あの引きこもりだった光星が今では、理科大で研究者志望だなんてね」とヒカリ。

「ハーイ！　ヒカリ！」

そのとき、懐かしい声がした。オリバー・並木・グリーンだ。ヒカリの晴れの日にわざわざ日本に飛んできてくれたのだ。

「あ、お父さん、彼が世界的に有名な写真家のオリバー・並木・グリーン。グリーン、私の父と母です」

「並木⁉」

その場にいた、父と母、そしてミクが同時にそうつぶやいた。いや、つぶやいたというよりも、叫んだ、に近かったかもしれない。

いたずらっ子のような笑みを浮かべたグリーンが、ヒカリに花束を差し出した。

すると、「あれ、私も同じ花束だ」

と、ミクも、オレンジ色のガーベラの花束をヒカリに差し出した。

それを見てグリーンは、うれしそうににっこりと微笑んだ。

「さすが、目醒めた人たちは気づいてますね。オレンジのガーベラの花言葉は、冒険心。この地球上でできる冒険は、まだまだたくさんありますよ」

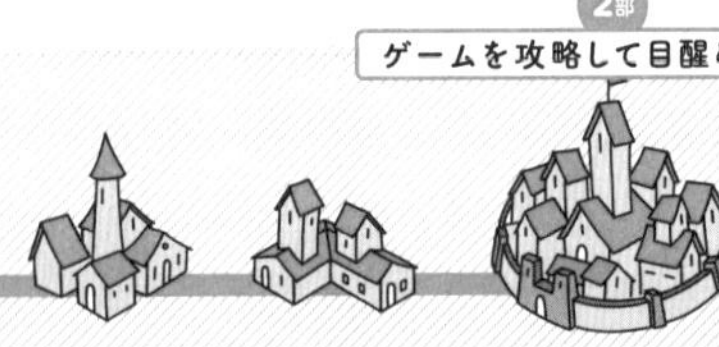

エピローグ：目醒まし大作戦、大成功！

僕、並木良和と４大天使たちは、４人のドラマティックな目醒めのゲームを見届けて、なんだかまだ幸せな興奮のまっただ中にいた。

「いやあ、目醒まし大作戦、大成功だったねー」

と、ガブリエルくんが満足そうに言った。

「本当だね、丸ごと家族全員が目醒めるって感慨深いね」

とラファエルくんが目をくるくるさせている。

「まあでも、家族はもともと、共通の課題を持って転生していることがよくありますね。ですから、家族の誰かが目醒めるとつられて目醒める、ということはありますよね。いい事例になったと思います」

とウリエルくんが、メガネの位置を正しながら言った。

「でさ。予定どおり、14万４千人は目醒めたのかなぁ」

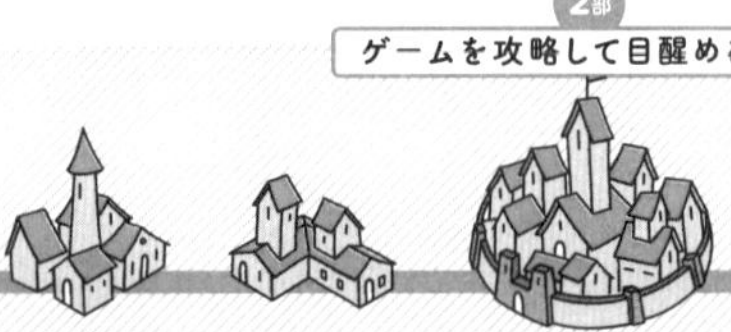

と僕は言った。ほら、最初にお伝えした、「14万4千人が目醒めると、その14万4千人がリーダー的存在となって、他の多くの目醒めを先導していく」という話だ。

「そうだね、少なくともこの本の中の4人のドラマを体感した人は、きっと目醒めたと思うよ」

ミカエルくんは自信を持っているようだ。

「それにしても、どの話もまるでお芝居みたいで楽しかった」

と僕。

僕はこれまでも、人間って「七変化」するって思っていて、それは意識体が七変化するようにさまざまな姿形で人間として輪廻転生するということでもあり、僕自身が、クライアントの方々にアドバイスするときに、自分自身が「七変化」しているように感じるということでもある。

今回の4つの眠りからの目醒めゲームで、まさかこんな「七変化」をするとは。

思わず思い出し笑いをしていると、

「地球の次元上昇が安定するまでの間は、僕たちは人間のサポートをする必要があるから、まだまだ楽しいと思うよ。地球はドラマティックな星だから」

とミカエルくんが腕まくりした。

「そうだね。やっと目醒めたこの地球で、どれだけたくさんの魂が喜びを体験できるか、楽しみだね」

と僕は答えた。

さぁ、4大天使たちとの祝杯の瞬間だ。

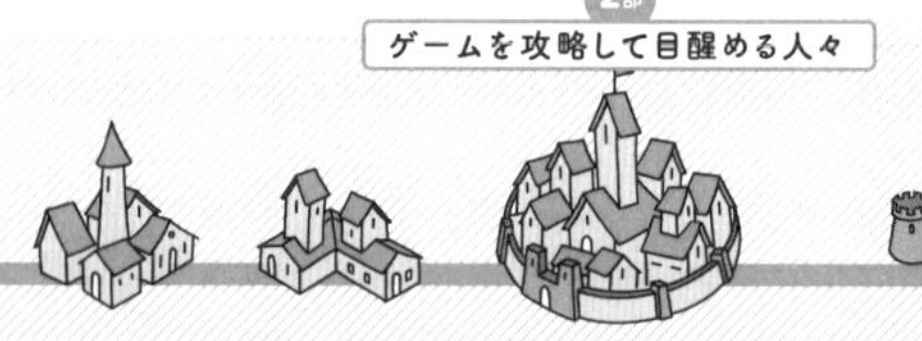

あとがき

最後までお読みいただき、ありがとうございました。
4人の主人公と天使たちを通して、眠りのゲームからの目醒めのプロセスを追体験していただきました。

「こんなのは、ただのお話、おとぎ話」

……だと思いますか？

いいえ、こうしたことは今、誰にでも起こりうること。

本書でも繰り返しお話ししたように、夢のようなことこそ、実は「現実」なのです。

今回は、これまでの僕の本とは違う角度で、小説を交えてお伝えしてきましたが、本書には、僕が今、一番お伝えしたいことが、ギュッと凝縮して詰め込まれています。

それが、僕の本を初めて読んでいただく方はもちろん、すでに読んでくださっている方にも、本書をおすすめしたい理由です。

僕が今、一番お伝えしたいこと、

――そう、この本のコンセプトである「ゲーム」。

人生はまさに、そして文字どおり、ゲーム。僕たちの人生は目醒めのゲームのまっただ中にあるということです。

そもそも、人間というのは宇宙（あの世）から地球（この世）に降り立つと同時に、全能の神であるという事実をきれいさっぱり忘れ、深く「眠った」状態で地球の周波数を味わい尽くし、そこからまた、「神」であることを思い出そうとする、なんともやっかいでめんどくさい、摩訶不思議なゲームの最中だということを、本書ではお伝えしてきました。

1部の「攻略のための10の掟」と、具体的なワークをお伝えした2部の「攻略法」。2021年の冬至を迎える前に、地球の次元上昇と同調しながら、「目醒め」るための方法を詰め込んだのが本書です。

それから、僕に普段から多大なアドバイスをくれる天使たちも、なかなか大胆でかわいらしいキャラクターになりましたが、この本の中で、4人の目醒めにたくさんのヒントをくれましたね。

あなた自身に置き換え、目醒めると覚悟を決め、天使たちに「ヒントをください」と仰いだならば、あなたにもたくさんのヒントを降り注いでくれることでしょう。

本来のあなたである「ハイヤーセルフ」は、完全に安全で快適な暖かい部屋の中で、ワクワクしながら、自分のアバターをカスタマイズし、ゲームの中に送り込みました。つまり、今のあなたは、「本来はゲームのプレイヤーで、すべての主導権を握っているのにもかかわらず、そのことをすっかり忘れ」てのめり込み、「ゲームの世界で、コントロールされている主人公であることも忘れ」て、「リアルな世界で生きていると思い込んでいる」のです。

そう、僕たちは、こんなにも深く、こんこんと、眠ってしまっていたのです。

でも、皆さんは本書を手にすることで、人生ゲームの攻略本を手に入れたことになります。

そう、これから皆さんは、本書という攻略本を使って、本当は自分がゲームのプレイヤーであったことを思い出し、自由自在にアバターである自分とストーリーを操作し、楽しむ生き方へとシフトしていくことになるのです。

さぁ、そろそろ本来の自分を〝憶い〟出しませんか？
目を醒ましていきませんか？
本書は、読むだけではなく、人生の攻略本として「使って」いただきたい本です。
そして、あなたの人生ゲームを優雅に易々と攻略していただけたら幸いです。

それでは、しっかりコントローラーを握って！
準備はいいですか？
今日ここから、本当のあなたの人生ゲームがスタートします。

2020年9月

並木良和